LA PRATIQUE DE

LA PRÉSENCE BIENVEILLANTE

LA PRATIQUE DE

LA PRÉSENCE BIENVEILLANTE

Un guide pour des relations conscientes à cœur ouvert

Ron Kurtz

Donna Martin

STONE'S THROW
PUBLICATIONS

Dépôt légal – Bibliothèque et Archives Canada 2021

Conception de la couverture – Sue Reynolds – Stone's Throw Publication Services

Image de couverture – bigstockphoto.com
Mise en page intérieure – Roland Bérard
Traduction – Danielle Laferrière, Sophie Cattier et Roland Bérard

Pour contacter Donna Martin, veuillez lui envoyer un courriel électronique : psomadonna@gmail.com

ISBN : version numérique 978-1-987813-39-5

ISBN : version imprimée 978-1-987813-38-8

Publié par Stone's Throw Publication Services
13240 Mast Road,
Port Perry, ON, L9L 1B5

www.stonesthrowps.ca

La Terre est le lieu parfait pour l'amour.
Je ne connais pas de meilleur endroit.

~ Robert Frost

L'amour véritable vient avec la réalisation que nous sommes pleinement vivants et entiers, malgré nos blessures, nos peurs ou notre sentiment d'être seuls.

C'est un état dans lequel nous nous permettons d'être entièrement vus par nous-mêmes et par les autres, et en retour, nous offrons une vision claire au monde qui nous entoure.

C'est un amour qui guérit.
~ Sharon Salzberg, « Real Love »

Ron Kurtz (1934 – 2011)

LE LEGS DE RON KURTZ

Ron Kurtz est à l'origine d'une psychothérapie basée sur la pleine conscience qui est connue comme la **méthode Hakomi**. Dans les années 80, il cofonde l'Institut Hakomi, et dix ans plus tard, il met en place les formations **Ron Kurtz Trainings** et le réseau **Hakomi Education Network**. Il écrit *Body-Centered Psychotherapy: The Hakomi Method,* et *The Body Reveals*.[1]

Il s'appuie sur son parcours en mathématiques, sciences et théories des systèmes pour créer le Hakomi. Après avoir complété sa formation en psychologie expérimentale, Ron enseigne au State College de San Francisco, anime des groupes de rencontre et étudie la Gestalt. Il est client de John Pierrakos, un des fondateurs de l'analyse bioénergétique, et lit les ouvrages de Wilhelm Reich et Alexander Lowen entre autres. Il fait référence à ces expériences comme les « débuts » de la méthode Hakomi. De nombreuses approches l'ont influencé – le focusing, l'hypnose ericksonienne, et la programmation neurolinguistique (PNL) ainsi que le yoga, le bouddhisme et le taoïsme. Il étudie également avec Moshe Feldenkrais et base une grande partie de la méthode Hakomi sur cette dernière approche. Selon Ron « la philosophie orientale, les techniques psychothérapeutiques et la théorie des systèmes sont à la base du Hakomi. »

Le Hakomi est la première méthode de psychothérapie à utiliser la pleine conscience comme ingrédient fondamental. Ron comprend que la psychothérapie se doit d'être expérientielle pour permettre de vraies transformations. La

---

[1] Les titres des livres sont écrits en anglais ou en français selon leur disponibilité.

1

méthode Hakomi utilise de courtes expérimentations en pleine conscience pour évoquer avec douceur les souvenirs, expériences et croyances enfouis dans l'inconscient, et plus particulièrement ce qui nous limite ou nous cause d'inutiles souffrances. En devenir conscient pour pouvoir les observer et potentiellement les transformer est un des accès aux changements qui guérissent.

La recherche nous confirme que dans tout processus psychothérapeutique, la relation entre le thérapeute[2] et le client est l'ingrédient le plus important, après le client bien sûr. Ron réalise qu'une bonne alliance thérapeutique dépend grandement de l'humanité et de l'état d'esprit du thérapeute et que cela doit être au centre de toute formation thérapeutique pour qu'elle soit fructueuse. Ron nomme l'état d'esprit idéal du thérapeute « présence bienveillante », et développe des pratiques pour le cultiver. Cela devient la base de son enseignement du Hakomi autant pour les professionnels que pour tout public. Dès les années 90, la formation devient accessible à toute personne qui désire cultiver ces qualités et savoir-faire, afin de devenir une présence guérissante.

Ron décrit le Hakomi comme une méthode « d'étude de soi assistée en pleine conscience ». Il continue à développer cette méthode de guérison raffinée et efficace pendant le reste de son existence. Il pratique, enseigne et peaufine continuellement cette approche novatrice jusqu'à sa mort en 2011.

Au cours de l'évolution du Hakomi, plusieurs organisations ont émergé. Ron y est apprécié non seulement en tant que créateur de la méthode, mais aussi pour son humour, sa générosité et l'amour qu'il témoignait lors des formations. Sa façon de travailler et d'enseigner était à la fois humaine et enjouée, ainsi que pleine de compassion. Il a

---

[2] Les termes employés pour désigner des personnes sont pris au sens générique; ils ont à la fois valeur d'un féminin ou d'un masculin.

reconnu et valorisé toujours plus comment la collaboration entre le thérapeute et le client (ou idéalement le groupe) pouvait favoriser une expérience nourrissante de transformation et de guérison pour tous ceux qui participent au processus.

Les principes fondamentaux du Hakomi sont : l'unité, l'organicité, la pleine conscience, la non-violence et le holisme corps-esprit. Le fondement de ceux-ci est la présence bienveillante.

Ron et sa fille, Lily

Ron a dit : « *L'unité nous rappelle l'interconnexion de toutes choses, de la vie entière, de tous les évènements. Elle est le holisme à l'échelle universelle (...) l'unité nous ramène toujours plus vers une vision globale, vers le fait que nous sommes tous intimement liés, connectés par notre culture, notre environnement, notre monde (...) Une manière d'être avec les autres, un style et un ressenti caractéristique émergeront de façon naturelle de par notre enracinement dans les cinq principes (...) Nous n'avons ni besoin d'essayer ni besoin d'apprendre à être en état de présence bienveillante. La présence bienveillante est une attitude qui émerge naturellement lorsque nous arrivons à comprendre profondément ces principes spirituels universels (...) »*

Ron souhaitait que la pratique de la présence bienveillante soit accessible au plus grand nombre de personnes possible. Ce legs est sa véritable contribution à l'humanité.

Pour qu'un être humain puisse en aimer un autre,
c'est peut-être la plus difficile de toutes nos tâches,
l'ultime et dernière épreuve et la preuve
– le travail pour lequel tout autre travail
n'est que préparation.

~ Rainer Maria Rilke

Flint Sparks, Donna Martin & Ron Kurtz

AVANT-PROPOS

Ron Kurtz était tout un personnage, particulièrement doué et engageant. Une fois rencontré, on ne pouvait plus l'oublier, et lorsqu'il avait créé un lien avec vous, il ne vous oubliait plus.

Ce livre est de la plume de Ron, qui, hélas, n'a pu le terminer; il relate la façon singulière qu'il avait de rencontrer et d'influencer les gens. C'est à la fois un aperçu personnel de qui il était, ainsi qu'un guide pour encourager les gens à se rencontrer dans cette même attitude respectueuse. Il nommait cette façon de se rencontrer « la présence bienveillante » et ceci a défini l'essence de l'œuvre de sa vie. Ce livre est un guide pour vivre à cœur ouvert et un recueil d'exercices de pleine conscience à pratiquer dans nos relations de tous les jours.

Tous ceux et toutes celles qui ont eu le privilège de faire la connaissance de Ron en retiennent une histoire. Il adorait raconter des histoires, surtout celles qui étaient drôles, et il les utilisait avec justesse dans son enseignement. Je crois que s'il n'avait pas fait carrière comme innovateur dans le domaine de la pleine conscience et de la psychothérapie, il aurait pu faire carrière comme comédien. Mais en fin de compte dans toutes nos histoires avec Ron, l'issue était toujours la même – on l'aimait et on savait qu'il nous aimait tout autant. Curieusement, il nous faisait l'effet de savoir que nous étions une personne digne d'être aimée et que notre amour était quelque chose qu'il valait la peine d'offrir à notre tour.

Ceux et celles d'entre nous qui ont eu le privilège de le connaître racontent souvent des anecdotes personnelles à son propos, surtout maintenant qu'il nous a quittés, mais ce n'est pas le contenu des histoires qui subsiste. Ce sont plutôt les sentiments qu'il évoquait par la simple invitation de ses mains expressives, l'étreinte chaleureuse de ses bras accueillants, son sourire ironique, complice, et son regard par lequel il soutenait tout notre être, sans mots.

La présence bienveillante était au cœur de ces moments, et à travers cette intimité avec Ron nous avons découvert que cet état fondamental pouvait transformer nos vies si nous pratiquions ce qu'il nous avait enseigné. Enveloppés par cet état de présence, nous pouvions faire fondre les vieilles histoires qui nous encombraient, nos cycles répétitifs de souffrance et nos peurs cachées. En vous engageant dans la pratique de l'étude de soi assistée en pleine conscience décrite dans ce livre, vous pourrez découvrir que la présence bienveillante est la clé de la liberté et du bien-être personnel.

J'ai rencontré Ron pour la première fois à Esalen en 1993 lorsqu'il commençait à offrir les étapes de la présence bienveillante indépendamment de la formation complète en Hakomi. En tant que clinicien en psychologie et psychothérapeute, cette façon de travailler a été révolutionnaire pour moi, et une source d'inspiration. À la même époque, je commençais ma formation officielle en Zen au centre Zen de San Francisco et je tentais de trouver des façons par lesquelles ces deux chemins pouvaient s'intégrer. À la fin de ce premier weekend de présence bienveillante à Esalen, Ron nous a parlé d'une formation qu'il était en train de peaufiner et qui allait débuter l'été suivant. Ce serait une formation d'un mois qui aurait lieu chaque mois d'août pendant trois ans. Ce serait une forme de retraite résidentielle et intensive qu'il nommait « La psychothérapie en tant que pratique spirituelle ». Soudainement, ce qui s'offrait à moi était l'opportunité de participer à une série de formations exceptionnelles qui allaient intégrer savoir-faire psychothérapeutique et pratique spirituelle.

C'est pendant cette formation de trois ans que j'ai rencontré Donna Martin pour la première fois, elle faisait partie de l'équipe de Ron, enseignait et travaillait à ses côtés. Nous avons eu un lien fort et instantané qui s'est approfondi au fil des 25 dernières années. Dès le début, il était évident qu'elle était la personne à qui Ron faisait le plus confiance; j'aimais beaucoup sa façon de travailler et d'être dans le monde. Avec ses antécédents en yoga, en Feldenkrais et en psychothérapie basée sur la pleine conscience, tout ceci était inné pour elle. Et en plus, elle était quelqu'un qui pouvait faire face à Ron!

Depuis cette formation qui a débuté en 1994 et jusqu'à la mort de Ron en 2011, j'ai passé de nombreuses semaines à assister ou à enseigner avec Ron et Donna. Cela a été un grand cadeau et des moments précieux dans ma vie. Au cours de cette période, Donna émergeait nettement comme le successeur de Ron, surtout avec l'évolution qu'il a continué d'apporter dans la pratique du Hakomi durant les dernières années de sa vie. Elle porte son legs, avec d'autres parmi nous que Ron a nommés[3], mais Donna est manifestement son disciple la plus confirmée. Il est dès lors juste et approprié que Donna ait achevé cet ouvrage précieux en hommage aux innovations magistrales que Ron a pu apporter dans l'enseignement de la présence bienveillante. Son amour pour ce travail ainsi que sa présence magnifique transparaissent sur chaque page.

---

[3] Les gardiens du legs, par ordre alphabétique : Jeff Chernove, Adama Hamilton, Donna Martin, Georgia Marvin, Bob Milone, Pat Ogden, Flint Sparks

Si vous suivez le chemin que Ron a tracé dans les étapes de la présence bienveillante et utilisez les indications et les pratiques que Donna vous présente ici, vous allez pouvoir marcher dans cet espace merveilleux qu'est la présence bienveillante.

Le Bouddha était très clair dans ses enseignements, à savoir que l'éveil et la libération de la souffrance inutile se déploient dans l'espace intime entre les gens et toutes choses. Personne ne peut le faire tout seul. Le grand philosophe juif, Martin Buber, en décrivant le pouvoir transformateur de la relation moi-et-toi a dit cette phrase bien connue « All real living is meeting » qui pourrait peut-être se traduire par « Vivre vraiment, c'est rencontrer. ». Le romancier et essayiste E. M. Forster nous guide lui aussi dans cette direction avec sa phrase « Only connect » – « Simplement se connecter ». Rainer Marie Rilke écrit, dans son conseil à un jeune poète, *« pour qu'un être humain puisse en aimer un autre, c'est peut être la plus difficile de toutes nos tâches, l'ultime et dernière épreuve et la preuve – le travail pour lequel tout autre travail n'est que préparation. »*.

À la fin, il était clair pour Ron que la présence bienveillante est le travail essentiel pour lequel tout le reste est purement une préparation. Savourez ce manuel et préparez-vous bien. Adoucir les obstacles à l'amour se révélera une façon de vivre dans la joie et l'intimité et une manière d'être en relation généreuse et honnête.

C'est le chemin de la présence bienveillante.

~ Flint Sparks

Ron Kurtz et Donna Martin

PRÉFACE

J'ai rencontré Ron Kurtz, créateur du Hakomi, en 1990, dans le cadre magnifique du centre de retraite Hollyhock, sur l'île Cortes dans l'ouest du Canada, où j'enseigne le yoga et d'autres approches depuis plusieurs années.

Je savais qu'il allait venir, alors quelques mois avant l'atelier, j'ai lu son livre, *Body-Centered Psychotherapy: the Hakomi Method*. J'ai été profondément touchée et je me souviens d'avoir eu la pensée suivante « Le [Hakomi] ressemble à ce que je fais, à ce que j'essaie de faire. »

Ron était là pour environ une semaine avec Terry, sa compagne, et leur petite fille Lily. Nous avons eu un beau lien cet été-là, à la suite duquel je me suis inscrite à la formation Hakomi qu'il donnait à Portland en Oregon. Nous nous sommes même mis tout de suite à animer ensemble des ateliers sur le yoga et le Hakomi.

Peu de temps après, j'ai commencé à enseigner avec Ron; il avait eu l'inspiration de « *la pratique de la présence bienveillante* », maintenant devenue la base de notre façon d'enseigner la méthode Hakomi. Ron a non seulement reconnu la puissance et l'importance de cet état d'esprit, autant pour les thérapeutes que pour toute personne et en n'importe quel type de relation, mais il a pu articuler de façon géniale une suite d'étapes que nous pouvons suivre afin de cultiver cet état d'être. Il a aussi créé pour chaque étape des séries de pratiques en Hakomi, qui sont à la fois simples et puissantes.

Nous avons commencé à enseigner cette pratique de la présence bienveillante au milieu des années 90, premièrement aux étudiants en Hakomi qui suivaient nos formations, et ensuite en ateliers d'un weekend pour tous ceux qui s'y intéressaient. Nous avons vite réalisé que nous pouvions améliorer la pratique en portant aussi notre attention sur trois autres thèmes clés en lien avec la présence bienveillante : calmer le mental, la communication non verbale et ce qui nourrit émotionnellement. Les appellations poétiques de ceux-ci sont :

- **Le silence intérieur :** Calmer le mental

- **La sagesse sans paroles :** La communication non verbale

- **Ce qui nourrit émotionnellement :** L'art du réconfort

Nous avons enseigné ces pratiques dans des groupes, à travers le monde jusqu'au décès de Ron en 2011, et je continue (et d'autres aussi), à les enseigner en tant que base d'apprentissage du Hakomi. Elles ne sont pas seulement pertinentes pour tous ceux qui pratiquent la relation d'aide ou tout autre rôle d'accompagnement, mais aussi pour ceux qui désirent être en relation avec plus de conscience et de compassion.

Lorsque j'ai lu, il y a quelques années, le livre de David Crow *In Search of the Medicine Buddha,* j'y ai vu ce petit poème en prose; j'ai trouvé qu'il résume parfaitement ces thèmes et démontre en même temps leur importance pour que toute guérison puisse se réaliser :

La sagesse sans paroles
Née du silence intérieur
Véhiculée par le cœur
Offerte avec bienveillance
Voilà la vraie médecine

Ce livre que vous tenez entre vos mains est au cœur de l'approche de la pratique de la présence bienveillante. Il se veut un guide pratique pour développer un état d'esprit et une façon d'être en relation avec un cœur ouvert. Ces pratiques sont basées sur la façon dont le Hakomi utilise de petites expérimentations en pleine conscience afin de s'étudier, et pour cultiver des habitudes relationnelles qui peuvent améliorer et guérir notre relation à l'autre. Selon moi, c'est le plus grand legs de Ron Kurtz et sa version du Hakomi.

~ *Donna Martin*

INTRODUCTION
par Ron Kurtz

Un de mes professeurs m'a dit que j'étais « bon » avec les gens. Alors, j'y ai réfléchi. Qu'est-ce que cela veut dire? Et bien, je pense que cela veut dire que les gens se sentent mieux à la suite de notre rencontre, surtout s'ils sont venus dans un état de détresse. Oui, je crois que c'est bien ce que cela veut dire. Cela pourrait aussi vouloir dire que je suis un bon manipulateur, que je suis capable de « gérer » les gens, « les gens difficiles ». Ce pourrait être ce genre de talent. Ou bien ça pourrait vouloir dire que je suis un bon enseignant, orateur, un bon vendeur ou politicien, ou encore toutes ces choses à la fois. Mais je veux croire que mon professeur parlait de la première interprétation, soit que les gens se sentent mieux à la suite de notre rencontre. C'est celle qui me plaît le plus.

J'ai pensé « je suis psychothérapeute »; je me dois d'être bon avec les gens. J'ai beaucoup d'expérience avec les gens en détresse. Je me suis ensuite demandé « qu'est-ce que toute cette expérience m'a enseigné? » Je n'ai pas toujours été bon avec les gens. « Qu'est-ce que j'ai appris qui m'aide à être bon avec les gens aujourd'hui? Et qu'est-ce que cela veut dire au juste d'être bon avec les gens? » C'est de ceci que je veux vous parler.

Voici ce que je pense : quand les gens se sentent mieux, ils se sentent mieux en eux-mêmes et cela leur ouvre des possibilités. Le maître spirituel Indien Meher Baba a dit *« Je peux t'aimer mieux que tu ne peux t'aimer toi-même. »* Je crois qu'une des manières d'être bon avec ou pour les gens – c'est de se sentir bien avec eux. C'est la base – la véritable base – pour qu'ils commencent à se sentir bien dans leur peau.

Quoi que nous fassions d'autre, nous devons tout d'abord apprendre à apprécier les gens, ou si c'est possible, à les aimer. J'ai beaucoup appris sur le « comment faire ». J'ai appris à chercher et la plupart du temps, à trouver quelque chose en chaque personne qui me plaise, que je peux apprécier, admirer et même aimer. J'ai appris à commencer par cela, quand je rencontre quelqu'un, c'est ma priorité sur tout le reste. Ensuite, ma relation avec la personne se construit sur cette base émotionnelle. Mes actions et mes paroles soutiennent naturellement la personne à mieux se sentir envers elle-même. C'est sans effort.

C'est très différent que d'écouter l'histoire que la personne raconte ou de chercher des problèmes à résoudre. Il s'agit de chercher ce qui est bon et qui va bien chez la personne et non ce qui ne va pas. Il ne s'agit pas de résoudre les problèmes de l'autre. Il ne s'agit pas d'être un psychothérapeute, un médecin, un enseignant, un avocat, un gérant, un conseiller financier ou un chauffeur d'autobus. Il s'agit d'autre chose. Il s'agit d'être bon avec les gens. Dans toutes ces professions, vous pouvez être très doué pour résoudre leurs problèmes et ne pas être bon avec eux.

Chaque fois qu'une histoire est racontée, il y a deux autres histoires en arrière-plan. Au-delà de l'histoire que raconte le narrateur qui n'est constituée que de mots – il y a l'histoire de l'intention du narrateur, consciente ou inconsciente. Afin d'entendre cette histoire en arrière-plan, nous devons la ressentir, souvent par des indices très subtils (parfois même pas tant subtils). La deuxième histoire en arrière-plan c'est le passé du narrateur, les expériences qui ont créé sa façon d'être. Les intentions et le passé, même s'ils sont en arrière-plan, sont toujours présents. Il ne peut en être autrement. Les deux existent avant même que le narrateur se mette à parler. Les deux sont intégrés dans la façon dont l'histoire est racontée et dans la manière d'être du narrateur.

Afin d'être réellement bon avec les gens, vous devez devenir habile à reconnaître et prendre conscience des histoires sous-jacentes à ce qui est raconté. Vous devez vous intéresser et être motivé à comprendre les gens à travers le processus qui se déploie. Il est aidant d'être prêt et d'être d'accord de recevoir les bourrasques émotionnelles qui accompagnent les histoires intenses. Dirigez toute votre attention sur la personne qui parle pour voir son âme à travers ce qu'elle dit. Il est aussi important de garder ses distances par rapport aux détails et complications du récit, ainsi qu'à toute question abstraite qui se pose. Et il est tout aussi important de rester à l'écoute des histoires sous-jacentes – celles qui ont attendu un auditeur comme vous, que cela ait été espéré ou non.

Donc, la première chose à faire c'est d'aimer les gens, ce qui veut dire avoir l'habitude de trouver quelque chose à apprécier et à savourer chez chaque personne avec qui vous entrez en relation. C'est une habitude qui peut se cultiver. Il y a des milliers de façons de le faire. Je me souviens du jour où ma fille nouvellement née est morte dans mes bras. Alors que l'on me reconduisait à la maison, je regardais les gens par la fenêtre de la voiture, en train de vivre une vie qui me semblait beaucoup plus normale, et j'ai eu la pensée suivante « chacun a été l'enfant d'une maman. »

Je voulais dire que tout le monde a déjà ressenti l'amour d'une mère et que l'amour est l'expérience essentielle de notre vie. Et même si nous partageons tous le fait d'avoir eu cette expérience, il se peut que nous n'en ayons jamais parlé. S'en souvenir est une façon de cultiver l'habitude d'aimer les gens.

Afin de pouvoir être bons avec les gens, nous avons besoin d'une attitude **vaste**. Nous devons être ouverts à être présents, à passer du temps et à donner notre attention à une autre personne. Nous devons lâcher prise quant à nos priorités et aux résultats que nous aimerions atteindre. Nous devons être à l'aise dans des situations incertaines. Si nous sommes trop attachés à contrôler notre environnement, nous ne serons pas bons avec les gens.

Peut-être verrez-vous ici un lien entre une attitude vaste et la pratique de la méditation. Dans son livre *Le bouddhisme libéré des croyances*, Stephen Batchelor dit qu'en méditation « *nous n'avons aucune intention de contrôler ce qui va se passer dans le moment suivant* ». Nous pouvons donc faire le lien avec les enseignements immémoriaux sur le bonheur. Nous sommes plus heureux lorsque nous sommes au service des autres et non sous la seule emprise de nos désirs insatiables et égoïstes. Pour réaliser ceci, nous devons cultiver une combinaison particulière de qualités. Dans la tradition bouddhiste, les termes utilisés sont la sagesse et la compassion : ou dans des termes plus simples, être chaleureux et attentif.

Carl Rogers a fait en son temps une expérience très significative. Il a formé des secrétaires à sa méthode de « thérapie rogérienne ». Le résultat a généralement démontré que les secrétaires réussissaient mieux que les psychothérapeutes professionnels. C'était un résultat surprenant. Les clients qui participaient à cette expérience ont déclaré être plus satisfaits de leurs interactions avec les secrétaires, que Rogers avait choisies pour leurs personnalités chaleureuses, qu'avec les psychothérapeutes. (Ceci dit, les clients ne savaient pas que les intervenantes étaient des secrétaires.)

Dans le livre *Human Change Processes*, Michael Mahoney cite des ouvrages de recherche qui démontrent que la qualité d'être du thérapeute est huit fois plus importante que la méthode ou technique, quelle qu'elle soit. Dans le livre *The Heart and Soul of Change: What Works in Therapy* (Hubble, Duncan, & Miller, 1999), on cite, à la page 96, une étude faite en 1979 par Strupp et Hadley, concluant que les « thérapeutes expérimentés n'étaient pas plus aidants qu'un groupe de professeurs de collège, choisis pour leurs aptitudes relationnelles (...) ce qui semble indiquer que les qualités personnelles influencent la capacité d'aide des thérapeutes. »

Ce sont des qualités que chacun peut cultiver. Je veux insister sur le fait que tout le monde peut les apprendre. C'est ce que je veux que vous sachiez : nous pouvons tous être bons avec les gens, bons entre nous. Ce guide sur la présence bienveillante sert précisément à ça.

Dès le milieu des années 90, j'ai commencé à souligner l'importance de la présence bienveillante comme étant l'état d'esprit le plus approprié pour tout praticien ou aidant, et ce, quel que soit le processus thérapeutique. Il m'était évident que cette manière de soutenir l'autre était la tâche première, et la plus importante, si nous voulions apporter de l'aide dans un processus de découverte de soi thérapeutique. La reconnaissance de cet état d'esprit jugé comme étant essentiel à la guérison et aux relations transformatrices n'était pas tout à fait novatrice, mais l'idée qu'une personne pouvait y être formée à travers une série d'exercices expérientiels, soigneusement élaborés, était une nouvelle contribution créative au processus. Cette innovation est à l'origine de l'immense différence d'efficacité du Hakomi et est devenue la base de la méthode.

Le Hakomi repose sur une base scientifique bien documentée, avec comme arrière-fond la sagesse des traditions orientales. La présence bienveillante représente le cœur du Hakomi et se cultive par une série de pratiques expérientielles bien développées. Voici comment cela m'est venu (...)

LA PRÉSENCE BIENVEILLANTE

La découverte de la présence bienveillante

Lors de mes formations, je faisais souvent des démonstrations du Hakomi devant la classe en travaillant avec une personne après l'autre, aidé par un traducteur quand c'était à l'étranger. L'idée de la présence bienveillante m'est venue durant une de ces formations.

Je m'étais épuisé à faire plusieurs séances chaque jour et j'avais commencé à perdre ma concentration. Alors que je travaillais avec un élève devant le groupe, je me suis lentement rendu compte que j'avais perdu le fil de son histoire et je ne savais pas ce qui se passait pour lui, ni quoi faire. J'ai décidé de poursuivre comme si de rien n'était en espérant que mon esprit se clarifie.

Alors, j'ai simplement continué à le regarder. Ses yeux étaient fermés et il continuait de parler sans réaliser que je n'avais aucune idée de ce qu'il me racontait. J'ai patienté, en espérant que lorsque le bon moment serait venu de lui répondre, je penserais à quelque chose d'approprié à lui dire.

Comme je le regardais sans autre intention que de patienter, j'ai été fasciné par son visage. Il me semblait vraiment beau. C'était comme regarder un chef-d'œuvre, un Vermeer ou un Van Gogh. Je crois que c'était dû à ma décision de simplement me détendre et permettre que mon mental soit vide de pensées.

Je me suis retrouvé à être touché par la beauté visuelle de son visage. En premier, c'était surtout la composition, les couleurs, les nuances et les points saillants. Strictement visuel. En continuant, cela s'est transformé lentement pour inclure davantage de sa personne. Peu à peu, je me suis rendu compte de quelque chose de profond et de vraiment puissant. Nous pourrions appeler cela son humanité, son *état d'être humain*. Un grand sentiment d'amour et de compassion a alors surgi en moi. Il n'était pas un homme particulièrement frappant. Il était en fait assez ordinaire. Il s'agissait plutôt de son esprit et de sa vivacité.

Il était un frère humain, un camarade d'espèce. J'ai vu que sa souffrance était la mienne. C'était notre souffrance à tous. J'ai ressenti une grande compassion pour lui et pour tous les êtres vivants. J'ai aussi réalisé que ce merveilleux sentiment que j'éprouvais était probablement la chose la plus importante de notre relation – de toute relation en fait – et que, ses yeux étant fermés, il n'en avait aucune idée.

Quand certaines personnes se tournent profondément vers l'intérieur, elles ont tendance à fermer les yeux. Je voulais qu'il sache comment je me sentais; cela me semblait important. Alors, lorsque le bon moment s'est présenté, je l'ai interrompu et lui ai demandé d'ouvrir les yeux et de me regarder en parlant.

Jusqu'à cet instant, son discours n'était pas très significatif, plutôt un « ceci ou cela s'était passé ». Quand il a ouvert les yeux et m'a regardé, il a perçu l'amour et la compassion que je ressentais et y a répondu immédiatement. Ses sentiments les plus profonds sont remontés à la surface. Son processus l'a mené vers les enjeux véritables. À mesure qu'il devenait plus authentique, je ressentais encore plus d'amour et de compassion pour lui. Notre lien est devenu de plus en plus intime. Ses émotions sont devenues plus intenses et tous ceux qui étaient présents en furent touchés. Et cela a continué, un moment après l'autre, de plus en plus réel, de plus en plus guérissant. Le dénouement fut très nourrissant pour nous tous.

C'est ainsi que j'ai découvert quelque chose de très important. J'ai découvert la puissance d'être simplement présent et de permettre à mon cœur de s'ouvrir. J'ai compris le cycle de compassion et d'ouverture. Depuis lors, la présence bienveillante est devenue la base de mon travail – de la façon dont je pratique et enseigne le Hakomi. On pourrait dire que lorsque l'esprit est calme, le cœur fait le travail.

Quel est l'état d'esprit de la présence bienveillante?

La présence bienveillante est facile à reconnaître quand elle se produit. Imaginez un parent heureux et comblé qui regarde le visage paisible de son nouveau-né. Le parent est calme, aimant et attentif. Ils semblent tous les deux hors du temps, ni pressés, ni distraits (...) simplement dans l'être plutôt que dans le faire. Ils sont aussi présents l'un pour l'autre qu'il est possible de l'être, doucement enveloppés par un climat fait d'amour et de sagesse. C'est l'image de ce que j'entends par présence bienveillante.

Lorsqu'une personne offre une présence bienveillante dans une relation, l'autre – peut-être sans même s'en rendre compte – se sent plus en sécurité, reconnue, appréciée et même comprise. Et la personne qui offre cette présence bienveillante se sent calme, ouverte et centrée. C'est vrai pour tout type de relation. Et c'est particulièrement vrai lorsqu'une personne a l'intention d'en aider une autre, que ce rôle d'aide soit personnel ou professionnel.

Alors, comment faire?

Lorsque nous sommes en état de présence bienveillante, nous donnons la priorité à la présence et à la compassion, à la fois avec nous-mêmes et avec la personne avec laquelle nous sommes, et tout cela en même temps. Nous mettons de côté les objectifs pragmatiques qui consistent à conseiller, rabibocher, analyser ce qui ne va pas, car lorsque nous sommes trop occupés à chercher des problèmes à résoudre, il devient impossible de développer ou de maintenir une présence bienveillante.

La présence bienveillante est une pratique qui consiste à porter notre attention vers un sentiment d'appréciation avec pour intention d'être simplement là avec l'autre, d'humain à humain. Cela demande que nous apprenions d'abord, et c'est la première étape, à en savoir plus sur nos propres habitudes et tendances automatiques, pour pouvoir décider si elles favorisent ou entravent notre capacité à être présent de cette manière. Il peut s'agir d'habitudes telles que : tirer des conclusions, se centrer sur ce qui ne va pas, trop analyser, vouloir ou se sentir obligé de réparer, être impatient ou désireux de faire bouger les choses. Il est essentiel dans cette pratique d'interrompre ces habitudes et ces pulsions pour créer une façon plus vaste de communiquer. C'est donc la deuxième étape de la pratique – interrompre les vieilles habitudes et créer un nouvel espace.

La troisième étape consiste à pratiquer une nouvelle façon de voir et de percevoir l'autre. Nous appelons cela *voir au-delà des apparences*. C'est une sorte de sagesse perceptuelle dans laquelle nous avons l'intention de voir quelque chose de plus profond chez la personne, voir sous la surface et au-delà de ce qui semble évident.

Elle mène naturellement à la quatrième étape, qui consiste à trouver ce qui nous nourrit dans ce que nous voyons. Ce qui implique une recherche de beauté ou d'inspiration chez l'autre, une reconnaissance de ce qui fonctionne bien, une volonté d'être nourri qui n'a rien à voir avec notre propre valeur ou nos capacités, mais plutôt avec une sorte d'émerveillement pour la personne et pour notre humanité commune.

Lorsque cette dernière étape se produit, l'état de présence bienveillante émerge spontanément. Nous pouvons alors nous contenter d'en profiter tout en la laissant se manifester dans notre expression et notre comportement.

La pratique de la présence bienveillante enseigne cet état d'esprit, comment le cultiver et comment le maintenir. En suivant un processus simple, pas à pas, vous pouvez apprendre cette pratique, les étapes, les outils, l'état d'esprit, et la manière de repérer lorsque vous vous mettez en travers de votre propre chemin.

La pratique de la présence bienveillante est merveilleuse pour les thérapeutes, mais elle l'est en fait pour tout un chacun. Apprendre cette approche ne serait-ce qu'un peu nous rend tous plus doués pour apporter de l'aide à notre propre souffrance ou face à celle des autres. Nous pouvons aider en tant qu'amis ou enseignants, en tant que parents ou partenaires, ainsi qu'en tant que professionnels de la relation d'aide. Nous sommes tous des guérisseurs potentiels, surtout lorsque nous apprenons à cultiver cet état d'esprit que nous appelons la présence bienveillante.

« Le simple fait d'être complètement présent à une autre personne est vraiment un acte d'amour; aucun drame n'est nécessaire ».

~ Sharon Salzberg

La présence bienveillante, c'est d'abord ***être présent dans l'instant***. C'est désirer être complètement là, prêt et capable d'être pleinement dans l'expérience. Il s'agit de se centrer de façon vaste, par exemple en voyant au-delà du seul contenu verbal d'une conversation. Il s'agit de reconnaître nos habitudes perceptives et de s'ouvrir à de nouvelles façons de voir.

La présence bienveillante exige de mettre de côté nos idées préconçues sur quelqu'un, et même nos a priori sur les gens en général. Cela signifie abandonner les objectifs, les plans ou les comportements routiniers qui interrompent ou limitent notre capacité à être dans le présent. La présence bienveillante nous demande de nous abandonner au déroulement naturel d'une interaction, à ses processus mystérieux et spontanés.

Dans son livre, *Le fantôme intérieur*, V. S. Ramachandran parle d'une étude où l'on montrait aux gens des mots et des images en lien avec de la violence et de l'hostilité. Ils regardaient ensuite des images de visages, et devaient écrire leurs impressions – pensant que c'était un test séparé. Un autre groupe devait également écrire ses impressions après avoir regardé les mêmes visages. Le premier groupe a considéré les visages comme menaçants et hostiles, bien plus que n'importe qui dans le second groupe.

Il est facile de vous démontrer que votre perception est altérée par votre état d'esprit. Asseyez-vous dans un lieu public, par exemple, et prenez un moment pour imaginer ceci : imaginez que chaque personne que vous voyez a sauvé la vie de quelqu'un. Remarquez ensuite les qualités qui, à vos yeux, commencent à briller en eux, des qualités de courage et de gentillesse, voire de dignité peut-être? L'ordinaire et l'extraordinaire entremêlés dans une seule personne? Dégustez les images et les perceptions qui en découlent.

Imaginez maintenant que tous les adultes qui vous entourent n'ont en réalité que cinq ans. Imaginez-vous dans un jardin d'enfants – regardez bien autour de vous. Pouvez-vous voir l'enfant en chacun d'eux? L'innocence, la vulnérabilité? C'est assez facile, n'est-ce pas?

> *La beauté est partout (...)*
> *elle surgit de sa propre réalité*
> *et ce que nous devons apprendre,*
> *c'est à la recevoir*
> *dans la nôtre.*
>
> *~ Kenneth White*

Ainsi, lorsque nous offrons notre soutien émotionnel à quelqu'un, le plus important est d'être simplement présent de façon attentionnée et, paradoxalement, d'avoir l'intention de chercher en l'autre quelque chose qui nous inspire. Cette inspiration est si nourrissante qu'elle nous soutient dans notre capacité à rester présent de façon utile – la présence bienveillante soutient l'énergie de celui qui aide.

Donner la priorité à être inspiré et nourri par la personne que nous aidons peut sembler une idée radicale pour ceux d'entre nous qui veulent rendre service. Nous ne sommes pas habitués à prendre simplement plaisir à être avec quelqu'un, surtout avec quelqu'un en détresse. Que ce soit en tant qu'amis serviables ou en tant que thérapeutes professionnels, nous avons tendance à être trop occupés à résoudre les problèmes, à poser des questions ou à donner des conseils. Et pour être en présence bienveillante, nous voulons éviter d'être pris par de telles activités.

Le défi consiste à abandonner ce genre de quêtes. Le désir de réparer les gens, de résoudre leurs problèmes, d'avoir des réponses à leurs questions, de les secourir ou de les changer représente autant de moyens pour éviter la peur, pour se sentir en sécurité, pour avoir un sentiment de contrôle ou pour simplement se sentir bien dans sa peau. Cependant, dans la pratique de la présence bienveillante, nous voulons nous centrer sur le simple fait de nous laisser inspirer par l'autre et de traduire cette inspiration en compassion, patience, compréhension et attention constante et aimante. Cela demande de la pratique.

> « *Les malheureux n'ont pas besoin d'autre chose en ce monde que d'hommes capables de faire attention à eux. La capacité de faire attention à un malheureux est chose très rare, très difficile; c'est presque un miracle; c'est un miracle.* »
>
> ~ *Simone Weil*

Comment trouver plaisir à être simplement avec quelqu'un, même quand il souffre? La vraie question est : comment n'y trouvons-nous pas de plaisir? Qu'est-ce qui nous empêche d'apprécier? Qu'est-ce qui perturbe notre capacité à trouver du plaisir à être avec les autres, surtout si être avec les gens fait partie de notre travail?

Pour trouver du plaisir dans n'importe quelle situation relationnelle, il est utile de pouvoir rester calme. Rester calme nous rend plus sensibles, plus aptes à faire attention aux sensations subtiles. Pour arriver à cette sensibilité, nous voulons cesser d'essayer d'accomplir quoi que ce soit.

Essayer de faire bouger les choses, faire des efforts, pousser n'est pas aidant dans ce processus. Nous devons être très honnêtes avec nous-mêmes en ce qui concerne notre propre fierté, notre besoin d'approbation ou de reconnaissance, ou de perfection. Nous voulons plutôt ralentir suffisamment pour prendre plaisir à ce qui se passe avec celui qui est là avec nous.

Et de quel genre de plaisir parlons-nous? Dans la présence bienveillante, nous dépassons nos besoins égocentrés et nous nous dirigeons vers une expérience de plaisir plus altruiste, une sorte de nourriture profondément spirituelle. Assister quelqu'un peut procurer différents types de plaisir, celui d'offrir du réconfort, de se sentir connecté, le plaisir de voir au-delà des apparences, d'être vrai, de comprendre et d'aider quelqu'un d'autre à comprendre, d'aider quelqu'un à devenir plus vivant et plus libre.

La première chose à explorer est la façon dont l'image que nous avons de nous-mêmes fait obstacle. Le type de plaisir et de nourriture dont nous parlons ici ne consiste pas à se sentir bien dans sa peau. Ce n'est pas du tout centré sur l'ego. Il s'agit d'être nourri par quelque chose de l'humanité de l'autre.

> « *La première partie de la guérison émotionnelle est d'être reconnu de façon limbique – avoir quelqu'un qui a une oreille attentive pour capter notre essence harmonieuse.* »
>
> ~ « *A General Theory of Love* »

Que ce soit en tant qu'amis, professeurs ou parents, ou même en tant que thérapeutes, être nourri de cette façon peut être tout ce que nous avons à faire pour donner à quelqu'un le soutien émotionnel dont il a besoin. Si nous avons tendance à trop vouloir en faire, nous passons à côté de l'occasion d'être simplement nourri, de trouver du plaisir à être simplement avec quelqu'un. Si nous sommes trop concentrés sur ce que nous pensons qu'il devrait se passer, et sur l'action à mener pour que cela se produise, cette concentration sur l'action peut nous éloigner de la présence bienveillante. Nous voulons plutôt trouver un moyen d'apprécier cette personne et la chance que nous avons d'être avec elle. Lorsque nous pouvons le faire, elle commence souvent naturellement à s'ouvrir devant nous; une sorte d'ouverture mutuelle et de guérison commence à se produire de façon naturelle. En étant ouverts, nos propres perceptions et compréhensions s'approfondissent. Ce n'est que dans ce type de connexion intime avec une autre personne que nous pouvons recevoir l'énergie et la nourriture spirituelle dont nous avons besoin pour maintenir une présence bienveillante.

Dans cet état d'esprit de présence bienveillante, la possibilité d'une véritable compréhension est grandement améliorée. Nous commençons à voir sous la surface jusqu'aux profondeurs de la personne avec laquelle nous sommes. Nous pouvons voir quelque chose d'essentiel, de beau, voire de divin. Nous commençons à avoir une connexion intime avec le moi essentiel de cette personne.

De cette intimité croissante, une nouvelle résonance et un nouveau rapport émergent. Les signes extérieurs d'une personne en présence bienveillante (calme, yeux aimants, posture détendue, attention soutenue) peuvent être vus et ressentis par l'autre personne. En reconnaissant cela et en sentant que ce moment est en quelque sorte privilégié, l'autre personne commence à se détendre et peut-être à s'ouvrir un peu plus. Cette ouverture inspire et nourrit davantage celui qui est en présence bienveillante. De cette façon, la présence bienveillante inspire la possibilité d'une expérience émotionnellement guérissante et nourrissante pour les deux. Cela inspire à son tour plus de présence bienveillante. Chacun soutient l'autre, une personne allant vers une attention et une compassion plus profondes, l'autre vers l'ouverture et la guérison.

> *« D'une certaine façon, toute psychothérapie réussie dépend de la capacité à détacher notre attention des habitudes et à les décrire du point de vue d'un observateur neutre ».*
>
> ~ *Helen Palmer*

Le but ultime de toute thérapie est de se libérer de toute souffrance inutile. En Hakomi, nous aidons les autres à atteindre ce but en les invitant à s'engager dans l'étude de soi et l'authenticité. Ce type d'étude de soi se base sur une façon particulière d'utiliser la pleine conscience.

Par l'étude de soi en pleine conscience, il est possible de découvrir les structures intérieures de l'esprit qui causent la souffrance ou du moins qui nous limitent d'une certaine façon, limitant notre accès à être nourris. Ce type d'introspection est également la première étape de la pratique de la présence bienveillante.

Comment se déroule la pratique de la présence bienveillante

Alors que la séquence d'étapes qui mènent à la présence bienveillante se déploie, nous voulons tout d'abord prendre conscience avec compassion de certaines de nos attitudes et idées habituelles concernant nos interactions. Nous portons une attention sereine, la pleine conscience, à notre expérience du moment présent et à la façon dont nous la vivons. Nous l'utilisons pour l'étude de soi afin de pouvoir observer nos habitudes et découvrir ce que nous avons tendance à faire automatiquement et habituellement. Nous voulons ensuite entraîner le lâcher prise sur notre attachement à ces idées et à ces habitudes et commencer à nous ouvrir à quelque chose de nouveau.

La première étape consiste donc à observer nos vieilles habitudes : nos habitudes de perception, nos habitudes de réaction, nos habitudes à donner du sens. Nous voulons être attentifs à la façon dont nous organisons habituellement notre expérience d'être avec les autres.

Après avoir porté notre attention sur nos états d'esprit et nos façons d'être habituels, nous voulons commencer à créer plus d'espace. Nous voulons faire disparaître certaines attitudes et tendances qui obscurcissent la perception claire. Dans ce nouvel état d'esprit vaste, nous apprenons à regarder et à voir les autres plus ouvertement, plus intuitivement et avec plus d'appréciation. Nous avons maintenant l'espace nécessaire pour que quelque chose de nouveau se produise. Nous commençons à voir différemment, à avoir de nouvelles perceptions et impressions. Cette détente et ce nouvel espace nous donnent l'occasion d'établir une toute nouvelle sensibilité envers les autres. Cet état d'esprit permet de célébrer le mystère; c'est une façon d'être qui dépasse les limites de l'ordinaire.

Un aspect de cet esprit vaste est la capacité à voir profondément, à voir au-delà, à voir les choses avec un grand-angle et sous de nombreux angles différents. Nous apprenons qu'il est possible d'agir sans contrôle. Nous renonçons à notre attachement à des résultats particuliers. Nous sommes plus sensibles et plus ouverts, ce qui réduit le bruit du bavardage intérieur et les idées préconçues qui interfèrent avec la clarté, la perspicacité et l'intuition. Cette sensibilité nous amène à une véritable acceptation et à une profonde compréhension.

À partir de là, nous commençons à ressentir un état d'esprit plaisant, détendu, centré sur le cœur, présent et ouvert.

> *« L'œil bienveillant voit à travers et au-delà de l'image et provoque le changement le plus profond. »*
>
> *~ John O'Donohue*

Puis vient l'intention de voir quelque chose dans l'autre personne qui nous inspire. Nous incitons et recherchons précisément chez l'autre des qualités qui nous nourrissent – comme le courage, la vulnérabilité, la sensibilité, la douceur, la détermination ou l'intelligence. Et alors que nous trouvons – ce quelque chose qui nous inspire et nous nourrit – il en résulte que nous sommes touchés, éveillés aux forces naturelles et à la beauté innée de la personne. Nos cœurs s'ouvrent simplement pour voir les autres dans leur intégralité. Étonnamment, l'autre va ressentir, parfois inconsciemment qu'il peut être lui-même en toute sécurité en notre compagnie. Il se sent accepté et apprécié.

De la pleine conscience à l'esprit vaste, nous commençons à y voir plus clair et à nous ouvrir, à nous imprégner de cette expérience et laisser ce moment précis – tel qu'il est – nous nourrir. Ce type de **nourriture** nous remplit et commence à rayonner sans effort en tant que présence bienveillante, fournissant le terrain et le contexte pour qu'une relation émotionnelle en syntonie se développe spontanément.

En dernier lieu, nous nous entraînons à **répondre** à l'autre à partir de cet état. Une abondance de présence bienveillante et de guérison est ainsi rapidement établie. L'appréciation réciproque devient le nouveau contexte de la relation, et le potentiel de nourriture émotionnelle et même de guérison en est grandement accru.

Les pratiques que nous proposons ici sont conçues pour vous aider à entrer dans ce cycle et à le maintenir. En suivant ces étapes, vous pouvez apprendre à reconnaître vos pensées automatiques et vos états d'esprit habituels, et vous pourrez mieux identifier les moments où vous vous mettez des bâtons dans les roues et ceux où vous interférez avec le processus de guérison qui voudrait évoluer de lui-même.

On en revient toujours à se connaître mieux et savoir comment nous agissons. Vous devez avant tout être capable de reconnaître et d'interrompre les habitudes qui créent des obstacles à cet état d'esprit que nous appelons présence bienveillante. Pour cela, nous recommandons une pratique régulière de la pleine conscience. C'est une invitation à prendre conscience de votre façon de penser et de vos sentiments habituels, de vos expressions et de vos postures corporelles habituelles, de vos impulsions et de vos tendances, à prendre conscience de tout ce qui est automatique.

Comment pouvez-vous apprendre à être ainsi avec quelqu'un pour que vous entriez ensemble dans une atmosphère d'amour où la guérison peut se dérouler simplement et spontanément?

Présence bienveillante et pleine conscience

La philosophie orientale enseigne que lorsque le mental devient silencieux, une expérience directe de l'esprit émerge. Ce signal, comme les étoiles qui apparaissent au coucher du soleil, est en réalité toujours présent. Mais il est caché par le bruit que nous faisons. Et le plus grand bruit est la clameur du mental. La pleine conscience, qui consiste à s'occuper du mental avec compassion et sans jugement, permet de réduire ce bruit. Lorsque le bruit est réduit, tout signal jusque-là dissimulé peut émerger. Il semble sortir d'un brouillard.

Dans la pratique de la présence bienveillante, nous utilisons la pleine conscience tout d'abord pour nous centrer sur notre propre expérience présente et pour découvrir les habitudes et les croyances qui l'informent et l'organisent. L'expérience présente est un exemple très clair de la façon dont nous organisons habituellement notre expérience, qui parfois interfère avec nos intentions.

Dans cette approche Hakomi de la conscience de soi, la pleine conscience n'est pas seulement une technique. La pleine conscience est une façon de s'abandonner totalement. Elle implique un choix délibéré d'être vulnérable, une sensibilité intentionnelle. De ce fait, il est préférable de la pratiquer dans un endroit où nous nous sentons en sécurité, et avec des personnes en qui nous avons confiance. La pleine conscience est une présence sans réserve.

Il n'est pas toujours facile d'entrer dans un état de pleine conscience par simple décision. Si nous nous permettons de ressentir des émotions douloureuses dans ce processus, c'est parce que nous croyons que cela en vaut la peine pour nous aider à nous comprendre et à guérir. D'un point de vue systémique, la pleine conscience peut être comprise comme une méthode permettant de rendre le système de fonctionnement plus sensible. En calmant et en apaisant l'esprit, nous réduisons le bruit habituel. En nous tournant vers l'intérieur et en nous centrant sur notre expérience du moment présent, nous améliorons notre capacité à capter nos sensations, sentiments, pensées, images et souvenirs même les plus subtils.

Être pleinement conscient signifie se mettre délibérément dans cet état de sensibilité et de vulnérabilité. Si nous sommes attentifs, si notre attention est ouverte et observe simplement, même une simple affirmation ou action peut évoquer une expérience assez profonde. Lorsque nous sommes en pleine conscience et que des expériences sont évoquées, il n'y a pas de confusion quant à la source. Nous savons que tout ce qui émerge vient de nous. Nous savons que toute réaction émotionnelle est le résultat de nos propres croyances et de notre histoire, et qu'elle n'est pas imposée par les conjectures ou les suppositions d'un autre.

Cette pleine conscience n'est pas aussi facile qu'il y paraît. Mais sa pratique peut transformer notre expérience de ce qui est possible ou pas, dans nos relations et dans la vie. C'est un état d'esprit essentiel à cultiver pour la pratique de la présence bienveillante, qui est un état amélioré d'attention consciente. C'est être radicalement présent de façon à être réceptif à ce qui est appréciable chez l'autre.

La présence bienveillante est un état d'esprit

Il y a une liberté de base qui vient du lâcher-prise à ce que nous pensons être et à la façon dont les choses devraient être. Il y a une légèreté d'être, une nouvelle tranquillité et un sentiment de liberté qui fait place à l'humour et à la compassion.

Être dans cet état d'esprit calme, clair et aimant n'est pas seulement quelque chose que nous faisons pour être de meilleurs amis, parents ou thérapeutes. C'est une pratique spirituelle, un chemin de libération. C'est créer un espace sacré dans lequel la personne qui souffre et la personne qui l'aide ou la soutient sont toutes deux nourries. Cet espace est le cœur de la guérison.

Cet esprit vaste permet de célébrer le mystère, l'humour et un Soi qui dépassent les limites de l'ego ordinaire. C'est agir sans toujours avoir besoin de contrôler les évènements ou sans être attaché à des dénouements particuliers. Nous devenons plus sensibles et plus ouverts.

Si l'on considère les distinctions infimes, il existe un nombre infini d'états d'esprit possibles. Concrètement, nous apprenons à vivre dans un cadre limité, qui devient très stable et familier pour nous. Au fil de notre vie quotidienne, nous passons d'un de ces états d'esprit habituels à un autre, au fur et à mesure que la situation passe du sommeil à l'éveil, du repos à l'activité, d'une tâche à une autre, d'une situation sociale à une autre. Certains types d'évènements déclenchent des états d'esprit particuliers. Certaines de nos habitudes ont également un effet important sur nos états d'esprit.

Par exemple, quelqu'un vous marche sur les pieds. En fonction de la personne, de l'endroit où vous vous trouvez et de ce que vous ressentez à ce moment-là, différents états d'esprit pourraient être déclenchés. Si vous êtes heureux, lors d'une fête, et qu'un de vos bons amis marche accidentellement sur votre pied, vous ne serez pas trop bouleversé. Mais si vous êtes malheureux à propos de quelque chose et qu'une personne que vous n'avez jamais aimée vous marche sur les pieds au moment où elle commence à vous agacer, cela pourrait stimuler votre amygdale, mobiliser une tension musculaire dans votre mâchoire, votre cou, vos épaules, vos bras et contracter vos vaisseaux sanguins périphériques, vous faire grimacer et dire quelque chose de désagréable à la personne. Tout dépend.

Si vous avez l'habitude d'être tolérant et gentil, vous ne réagirez peut-être pas beaucoup si quelqu'un vous marche sur les pieds. Si vous avez une longue histoire de crises de violence incontrôlées, vous risquez de les frapper. Tout dépend de la sorte de « musique » mentale que vous avez l'habitude de jouer. La façon dont vous fonctionnez, les états d'esprit que vous avez beaucoup pratiqués et utilisés, les différentes composantes du cerveau que vous avez l'habitude de solliciter, les pensées et les impulsions qui vous viennent facilement à l'esprit – tout cela détermine ce qui se passera.

Les états d'esprit habituels des moines bouddhistes sont différents de ceux des professionnels du crime (bien que l'un ou l'autre puisse changer). Les enfants pauvres du tiers-monde ont un état d'esprit différent de celui des enfants riches des pays hautement industrialisés. Ils ont des souvenirs et des habitudes de pensée différentes. Ils ont des espoirs, des idées, des valeurs (...) des états d'esprit différents. Ils sont organisés différemment.

Une bonne analogie, pour passer d'un état d'esprit à un autre, pourrait être la façon dont un orchestre passe d'un passage musical à un autre. Pour différents passages musicaux, certains instruments jouent et d'autres non.

Lorsque quelque chose de fort et de dramatique est nécessaire, les tambours et les cors sont plus susceptibles de jouer. Pour quelque chose de doux et éthéré, une harpe peut-être et une flûte. Pour le jazz, il faut des saxophones et des pianos. Pour le bluegrass, les banjos, les mandolines et les guitares. Chaque « état » musical est joué par une combinaison différente d'instruments. Du point de vue d'un instrument individuel – une flûte, par exemple – il peut se joindre aux violons pour une partie de la musique et aux cors pour une autre. Tout instrument individuel peut faire partie de n'importe quel passage, mais ce n'est pas obligatoire.

Il en est ainsi des états d'esprit. Chaque état d'esprit requiert sa propre combinaison d'unités fonctionnelles du cerveau. Cela dépend de la « musique » qui est jouée. Cela dépend de toute une dynamique complexe de situations internes et externes. La situation externe, la situation biochimique interne, les perceptions, les émotions déclenchées, les souvenirs activés, les besoins ressentis, les pensées qui circulent dans le mélange, et toutes sortes d'habitudes, de préjugés, de modulateurs et qui sait quoi encore! Chaque état d'esprit est une configuration différente du cerveau.

Il y a cependant une exception à cette analogie : aucun chef d'orchestre externe ne dirige le cerveau. Le cerveau est un système qui s'organise de lui-même. Il est possible qu'il organise un état d'esprit dans lequel les informations provenant de tous les autres systèmes passent par un élément qui, à son tour, influence le fonctionnement global de l'ensemble. On pense que le cortex orbitofrontal droit du cerveau est l'endroit où se situe cette fonction. Pour en savoir plus, voir *The Developing Mind* du Dr Daniel Siegel.

Qu'est-ce que la pleine conscience?

La pleine conscience est une pratique utilisée dans les traditions spirituelles. En prenant de la distance avec tout ce qui crée notre moi habituel au quotidien, nous commençons à reconnaître le Soi qui ne change pas, le Soi puissant et universel qui imprègne tout.

En pleine conscience, nous ne faisons pas qu'avoir une expérience, et des perceptions de notre expérience, mais nous prenons aussi conscience de nos perceptions. Nyanaponika l'a définie ainsi :

> « La conscience claire et unique de la réalité de ce qui nous arrive et de ce qui se passe en nous dans une suite de moments de perception ».

Et Varela, comme ceci :

> « Un changement de direction de l'attention de l'extérieur vers l'intérieur. Et un changement dans la qualité de l'attention, qui passe de chercher à laisser venir ».

Dans le livre *Un bouddha au cœur sensible*, David Brazier dit ceci à propos de la pleine conscience :

> « (...) la pleine conscience consiste à vivre le moment présent. Une fraîcheur de perception nous est possible, que la plupart des gens ne connaissent que rarement. Une meilleure prise de conscience de l'environnement naturel immédiat est une influence curative très puissante sur la psyché blessée. Regarder le soleil couchant, toucher une fleur, vraiment entendre le chant des oiseaux ou

sentir le poids d'une pierre dans sa main, c'est entrer en contact avec la réalité d'une façon rarement égalée. Dans des moments aussi parfaits, nous accomplissons notre tâche en étant présents. »

La pleine conscience est cet état de conscience dans lequel nous portons notre attention sur le déroulement de notre expérience, avec la condition supplémentaire et inhabituelle que nous n'avons aucune intention de contrôler ce qui se passe. Pour la plupart des gens, ce n'est pas notre état d'esprit habituel. Voici quelques caractéristiques de cet état appelé « pleine conscience » :

- En pleine conscience, nous ne réagissons pas. Nous observons simplement nos impulsions à réagir. Nous observons les pensées et les expériences qui surgissent instant après instant.

- Nous participons en tant qu'observateurs – en témoins silencieux de notre propre fonctionnement.

- Nous sommes à une petite distance de ce qui va de soi dans notre expérience. Nous avons pris un pas de recul.

- Nous cultivons cette partie de l'esprit qui peut simplement témoigner, sans agir, et sans préférences, de toutes les expériences qui se présentent, y compris les sensations corporelles, les émotions, les impulsions, les pensées ou les souvenirs.

En Hakomi, nous utilisons la pleine conscience comme base pour étudier les habitudes et les idées sous-jacentes qui organisent notre vécu. Comme la plupart de nos actions, de nos sentiments et de nos pensées sont des habitudes, celles-ci sont très proches de l'image que l'on a de soi. Ces habitudes organisationnelles sont l'expression des images, des croyances et des a priori que nous avons sur le monde dans lequel nous vivons, sur comment nous devons être pour y vivre en toute sécurité et pour voir nos besoins satisfaits.

> *« La voie est facile pour celui qui n'a pas de préférence. »*
>
> ~ *dicton Zen*

Pour avoir plus de choix quant au type d'expériences que nous pouvons vivre, nous voulons découvrir et étudier les habitudes et les idées qui organisent nos perceptions et nos réactions et donc nos expériences.

Les recherches nous indiquent qu'une grande partie de ce que nous voulons savoir sur nous-mêmes se situe au-delà de la conscience. Ainsi, si nous voulons que quelque chose change, si nous voulons pouvoir choisir notre état d'esprit, nous devons d'abord prendre davantage conscience de nous-mêmes et de nos états habituels. C'est beaucoup plus facile à faire avec de l'aide, et la première chose que nous voulons faire pour nous entraider est de pratiquer ensemble la pleine conscience.

> *« Assis tranquillement à vous écouter attentivement, vous pouvez observer la voix principale par laquelle vos pensées se récitent. »*
>
> *~Robert Thurman*

Vivre de façon consciente veut dire se rappeler d'apprécier les choses simples que nous faisons. Prendre plaisir à marcher améliore grandement notre vie, car, à moins d'avoir de graves problèmes de santé, nous passons tous un certain temps à marcher. Prenez ma main et nous marcherons ensemble. Nous regarderons les fleurs et nous sourirons aux passants. Notre marche sera comme une belle chanson, une mélodie qui se déroule sans hâte. Le but n'est pas d'arriver quelque part. Le but est d'apprécier quelque chose de beau et de satisfaisant. Ce faisant, nous réalisons un objectif suprême.

La pleine conscience demande et aboutit à la fois à un sentiment d'espace qui permet de réduire le bruit du bavardage intérieur et des idées préconçues. Bruit qui empêche généralement d'avoir plus de clarté, des prises de conscience, de l'intuition, une acceptation et une compréhension profonde. Dans nos relations aux autres, cela permet de faire apparaître la bonté.

Il existe de nombreuses définitions et caractéristiques, de la pleine conscience; elles indiquent toutes une qualité d'observation sans jugement. La pleine conscience ne consiste pas à « réfléchir » à quelque chose. Elle n'est pas analytique et elle n'est pas non plus une forme de concentration. À bien des égards, c'est l'espace ouvert dans lequel l'attention se produit.

Puisque notre intention première, dans la pratique de la présence bienveillante, est la découverte de soi, nous pratiquons la pleine conscience alliée à une attitude expérimentale. Ceci nous permet de nous occuper de notre expérience présente sans jugement ni parti pris. Ce faisant, nous arrivons de mieux en mieux à observer ce qui est automatique ou habituel.

En pleine conscience, il n'y a aucune intention de contrôler ce qui se passe ensuite. C'est pourquoi ce n'est pas simple. C'est un abandon délibéré du contrôle. La pleine conscience est une aptitude qui s'apprend par la pratique.

Dans sa forme traditionnelle, l'attention se porte souvent en premier lieu sur la respiration, en prêtant simplement attention aux mouvements de notre propre respiration, sans interférer. Porter attention à notre respiration et ne pas la contrôler est plus difficile que nous pourrions l'imaginer, surtout si l'on pense au peu d'attention que nous y portons habituellement et au fait qu'elle sait si bien fonctionner en dehors de notre contrôle conscient.

Être détendu aide à cultiver cet état de calme – ce que les maîtres de méditation appellent « la conscience sans choix ». En pleine conscience, nous permettons à notre esprit de devenir calme et tranquille, d'être dans la simple observation de notre respiration, de nos sensations corporelles, nos émotions et nos pensées. Nous nous centrons sur le flot d'expériences intérieures.

C'est la première étape de la pratique de la présence bienveillante.

Les étapes pour pratiquer la présence bienveillante

Les pratiques que nous proposons dans ce livre sont organisées en fonction des différentes étapes qu'il faut traverser pour créer les conditions propices à l'état d'esprit que nous appelons présence bienveillante, et qui peut alors émerger spontanément et sans effort. Ces étapes sont;

1. La conscience et l'étude de soi;

2. La détente et la vastitude;

3. La sagesse perceptive et la sensibilité;

4. L'inspiration et le nourrissement;

5. L'état de présence bienveillante – se permettre de faire le plein, et enfin;

6. Exprimer – verbalement ou non verbalement – cette manière d'être dans notre façon de répondre et d'être avec les autres.

Nous vous recommandons de commencer ces pratiques dans des lieux et avec des personnes avec lesquelles vous vous sentez en sécurité. Vous voulez que tous les participants manifestent une intention de simple curiosité et de grand respect. Il y a un niveau de vulnérabilité volontaire dans ces pratiques qui exige une collaboration respectueuse et une confiance mutuelle. Nous les appelons pratiques plutôt qu'exercices, car lorsqu'elles sont effectuées régulièrement, comme dans le cas de la pleine conscience, elles cultivent un certain état d'esprit et deviennent progressivement d'habiles habitudes. Tout comme dans l'apprentissage d'un instrument de musique ou d'une deuxième langue, ces habitudes se développent avec la pratique et deviennent une partie naturelle de notre fonctionnement et du comment nous sommes en relation avec les autres, que nous y pensions ou non.

Chacune des étapes mentionnées ci-dessus se révèle à travers plusieurs pratiques; dans la section suivante, nous proposons une pratique clé pour chaque étape.

Comment ouvrir son cœur

N'essayez pas d'ouvrir votre cœur.

Ce serait un mouvement subtil d'agression envers votre expérience présente vécue dans le corps. Ne dites jamais à un cœur fermé qu'il doit être plus ouvert; il se fermera plus étroitement pour se protéger, sentant votre résistance et votre désapprobation. Un cœur ne se montre que lorsque les conditions sont favorables; votre demande d'ouverture invite à la fermeture. C'est l'intelligence suprême du cœur.

Inclinez-vous plutôt devant le cœur dans son état actuel. S'il est fermé, qu'il soit fermé; célébrez la fermeture. Faites en sorte qu'il se sente en sécurité; même qu'il puisse se sentir insécure, en toute sécurité. Ayez confiance que lorsque le cœur sera prêt, mais pas avant, il s'ouvrira, comme une fleur dans la chaleur du soleil. Il ne faut pas hâter le cœur.

Faites confiance à l'ouverture et à la fermeture, ainsi qu'à l'expansion et à la contraction; c'est la façon de respirer du cœur : sécure, insécure, sécure, insécure; la belle fragilité d'être humain, contenue dans l'amour le plus parfait.

~ Jeff Foster

LES PRATIQUES

La pleine conscience

Voici une pratique simple pour cultiver l'état d'esprit fondamental appelé « pleine conscience ».

La pratique « la pleine conscience »

Cette pratique peut se faire n'importe où et n'importe quand, et il est peut-être plus facile de commencer à pratiquer seul. Avec le temps, elle devient encore plus puissante quand elle est pratiquée avec d'autres.

Vous pouvez commencer par vous installer confortablement en position assise. Les yeux ouverts ou fermés, prenez un moment pour écouter simplement les sons autour de vous. Remarquez les sons qui sont constants et ceux qui sont moins fréquents. Remarquez les sons qui semblent lointains et ceux qui sont plus proches. Vous remarquerez peut-être que certains sons évoquent une réaction, une image ou un sentiment. Y a-t-il un bruit de respiration?

Pendant un instant, prenez conscience de votre respiration. Remarquez le flux de la respiration entrant et sortant de votre corps. Il n'est pas nécessaire de diriger votre respiration ou de la modifier de quelque façon que ce soit. Il suffit de l'observer. Sentez la sensation de l'air dans vos narines, au fond de votre gorge. Sentez le mouvement de votre poitrine et de votre cage thoracique lorsque le souffle entre et sort. Observez les mouvements de votre corps en lien avec votre respiration.

Observez aussi la qualité de votre perception. Est-elle critique ou analytique? Distraite ou ennuyeuse? Est-ce qu'elle semble intense? Incertaine? Votre témoin intérieur a-t-il une attitude? Est-il calme? Est-il à l'aise?

Remarquez tout cela et recommencez à suivre simplement le flux de la respiration qui entre et sort de votre corps.

Le rythme de votre respiration semble-t-il changer lorsque vous l'observez?

Quelles sont les autres parties de votre corps dont vous prenez conscience lorsque vous faites attention à votre respiration? Y a t'il des impulsions ou des mouvements? Quelle expression a votre visage?

Que remarquez-vous d'autre? Êtes-vous conscient des sons qui vous entourent, de vos pensées, avez-vous des images?

De quoi d'autre est faite votre expérience sensorielle actuelle vécue dans le corps? Continuez simplement à porter votre attention sur ce qui se présente d'instant en instant, en vous et autour de vous.

Être avec

« *Vivre vraiment, c'est rencontrer* »

~*Martin Buber*

Nous avons tous des habitudes de pensée, d'humeur et d'organisation corporelle qui changent lorsque nous sommes avec une autre personne. Chacun d'entre nous a appris par son expérience de vie à se comporter d'une certaine manière en présence d'autrui. Ces façons d'être ont été modelées il y a longtemps par nos parents et d'autres membres de notre famille. Elles ont également été façonnées par les réactions des autres quant à notre manière d'être, et par les messages reçus sur la façon dont nous devrions être.

Notre façon d'être habituelle avec les autres découle en partie de notre besoin de nous sentir en sécurité et de nos idées et conclusions pour y arriver. Elle peut venir aussi d'un désir naturel d'approbation, du besoin d'appartenance et d'acceptation (...), d'un besoin d'amour. Nous avons tous tiré des conclusions sur qui nous pensons être et qui nous devons être. La plupart de ces conclusions vivent hors de notre conscience. Elles sont devenues implicites.

Ces idées et présomptions inconscientes sur qui nous devons être, avec et pour les autres, ont créé tout un ensemble d'habitudes et de modèles qui s'incarnent; ils influencent notre posture, l'expression de notre visage, notre mode de pensée et nos sentiments lorsque nous sommes en interaction. Nous voulons découvrir quelles sont ces habitudes afin de pouvoir mettre de côté celles qui sont inutiles ou qui nous empêchent d'être pleinement présents lorsque nous sommes avec une autre personne. Nous voulons instaurer des habitudes plus appropriées, là où c'est nécessaire. Plus nous prenons conscience de nos habitudes, plus nous avons de possibilités de choix et de changement.

Souvent, en observant et en reconnaissant simplement nos réactions automatiques, nous leur permettons de céder la place à une façon d'être présent plus ouverte, plus calme et, en fin de compte, plus compatissante. La première étape consiste donc simplement à prendre davantage conscience de nous-mêmes.

Dans cet exercice, nous voulons étudier ce qui change dans notre manière d'être lorsque nous passons d'être seul à être avec une autre personne. Nous voulons découvrir les habitudes qui conditionnent ces différences, car certaines de ces habitudes peuvent interférer avec l'état de présence bienveillante. Devenir conscient, c'est avoir plus de choix. C'est pouvoir commencer à mettre de côté ce qui ne nous sert pas.

T.S. Eliot, dans son poème « *La chanson d'amour de J. Alfred Prufrock* », dit : « *de te préparer un visage pour les visages de rencontre* ».

Comment pouvons-nous interagir de façon plus aimante? Et si c'est possible, pourquoi ne le faisons-nous pas? Que faisons-nous à la place?

La pratique « être avec »

Cette pratique se fait à deux. Face à face, commencez par fermer les yeux et prenez quelques instants pour vous installer dans un espace intérieur très calme; jusqu'à vous sentir confortable et ouvert. Être ouvert, c'est être sensible et vulnérable. Lorsque vous vous sentez assez à l'aise et calme à l'intérieur, ouvrez les yeux pour regarder votre partenaire. Les yeux de votre partenaire seront peut-être ouverts ou encore fermés. Il y aura des moments où vous aurez tous les deux les yeux ouverts. Chacun suit son propre rythme.

Voyez simplement votre partenaire; l'intention ici est surtout de s'observer en train d'être avec la personne qui est devant soi.

Lorsque vous voulez être de nouveau à l'intérieur de vous-même, pour vous centrer ou simplement étudier ce qui se passe, fermez à nouveau les yeux et soyez attentif à votre expérience présente pendant quelques instants.

Que se passe-t-il dans votre corps et votre esprit? Si vous remarquez un inconfort, qu'est-ce qui semble l'avoir déclenché? Quelles sont les idées qui pourraient être en cause?

Après avoir étudié votre expérience de cette façon pendant quelques instants, retrouvez votre calme et votre centre et ouvrez à nouveau les yeux. Pour certains d'entre vous, c'est facile. Pour ceux d'entre vous qui sont plus timides, cela peut être assez difficile au début, mais à la fin, vous pourriez vous retrouver assis très calmement, les yeux ouverts, et vous sentir connecté d'une façon agréable avec votre partenaire. Quelle que soit votre expérience, au bout de quelques minutes, racontez-vous mutuellement ce qui s'est passé.

L'expérience sans repères

Nous sommes nombreux à avoir un grand besoin de savoir, à penser que nous avons les réponses, à croire que nous savons, ou à penser savoir. Ce besoin de savoir crée comme un bruit quand il s'agit de la présence bienveillante. Dès que nous nous trouvons dans un lieu de savoir à partir d'expériences passées, nous pouvons nous sentir plus en sécurité d'une certaine façon, mais nous sommes aussi très limités. Ce type de connaissance (présomption) crée un sentiment d'enfermement. Il limite nos options et réduit les possibilités. C'est comme aller naviguer avec un bateau à l'ancre. Il est impossible de découvrir quelque chose de nouveau.

Comment trouver un endroit où l'on ne sait pas quand on sait vraiment beaucoup de choses? Peut-être pourrions-nous accéder à un état d'esprit plus ouvert si nous pouvions laisser tomber notre besoin de savoir, ne serait-ce qu'un instant. Qu'est-ce qui serait alors possible? Comment pouvons-nous nous éloigner de la partie de notre esprit qui a des réponses évidentes (basées sur nos souvenirs, notre éducation et nos expériences de vie) et nous diriger vers un autre état d'esprit qui ne sait vraiment pas à coup sûr? Cet état peut sembler assez fragile et même effrayant au début. Pouvons-nous envisager de nous ouvrir à l'espace qu'il offre?

« *L'expérience sans repères* » est une pratique pour créer ce genre d'espace, pour permettre des moments où nous sommes plus ouverts au sens du mystère.

Dans la pratique de la présence bienveillante, l'esprit vaste nous permet d'être avec les autres différemment et de les voir plus clairement. Parce que nous n'avons pas d'autre but que d'être simplement avec eux, nous pouvons relâcher toute intention ou idée préconçue qui influencerait l'expérience que nous avons d'eux.

Un esprit vaste a des limites flexibles et permet une plus grande capacité de compassion tranquille. Cet esprit tranquille ne bourdonne pas de préoccupations. Nos voix intérieures sont pour la plupart silencieuses. Notre corps se détend également. Le bruit est plus faible, ce qui est très utile lorsque nous voulons être conscients des subtilités du moment et des personnes présentes. Un esprit vaste est ouvert à l'élément de surprise, au mystère, à l'apprentissage et à la découverte. Il n'a pas besoin de s'appuyer sur les postulats habituellement utilisés par notre esprit lorsqu'il se concentre sur certaines tâches.

L'esprit vaste est différent de la conscience ordinaire en ce qu'il n'est pas axé sur des tâches. Ses motivations ne sont ni la survie, ni le statut, ni autre chose de ce genre. D'ordinaire, dès que nous devenons conscients d'un nouveau son, dès que notre regard repère un changement, il y a une période d'orientation, un petit laps de temps où nous arrêtons tout ce que nous faisons afin de juger de la nouvelle situation. Dès que nous pouvons identifier le changement comme n'étant ni important ni dangereux, nous retournons simplement à ce que nous faisions avant l'interruption. Dans la nature, les animaux de proie font ce genre d'orientation en permanence. Observez un oiseau sur le sol pendant quelques instants. Cette phase d'orientation consiste à identifier. Une fois l'identification terminée, la qualité de l'attention change, l'écoute et le regard changent également (l'odorat aussi!). La fraîcheur de l'esprit vaste est la fraîcheur de la phase d'orientation, de l'indécision, de la phase de « encore en train de regarder, pas encore sûr ».

Alors que nous pratiquons l'expérience sans repères pour explorer ce genre d'espace, un tout nouvel état de conscience pourrait peut-être soudainement apparaître. Un changement pourrait se produire, comme un relâchement de ce lien qui nous attache aux expériences habituelles, à des Moi familiers. Nous pourrions nous détacher de tout ce qui est figé ou distrayant, comme si nous quittions une pièce bondée et bruyante pour entrer dans un jardin paisible rempli de surprises qui ravissent les sens et l'âme.

La pratique « l'expérience sans repères »

Dans cette pratique, une personne pose une série de questions très simples à une autre personne. Les questions ont pour sujet l'autre personne et sa vie, ce sont les questions que vous poseriez à une personne que vous venez de rencontrer ou que l'on peut lire sur un questionnaire. Toutes les questions sont simples et toute personne normale pourrait y répondre facilement, automatiquement, sans hésitation.

Dans cette pratique, cependant, nous voulons que vous hésitiez avant de répondre.

Votre travail, en tant que personne à qui s'adresse ces questions, consiste à observer la réponse automatique qui apparaît dans votre esprit et à la laisser aller, puis à chercher un endroit à l'intérieur de vous où vous ne connaissez pas vraiment la réponse. Si vous trouvez cet espace, restez ici un moment et explorez cet espace du non-savoir; laissez-vous aller au non-savoir et explorez ce sentiment pendant quelques instants. Puis, pour finir, revenez et dites à votre partenaire « Je ne sais pas ». Cela permet à votre partenaire de savoir que vous êtes prêt à répondre à une autre question. Ne dites pas trop vite : « Je ne sais pas ». Prenez votre temps. Soyez curieux de l'expérience vécue dans le corps qui va de pair avec le fait de ne pas savoir, de ne pas être aussi certain des choses ordinaires. (S'il n'y a pas de façon sincère de répondre « Je ne sais pas » à une question particulière après quelques minutes de recherche, dites simplement « Je passe »).

Que vous ayez dit « Je ne sais pas » ou « Je passe », votre partenaire vous pose une autre question et vous répétez le processus. Faites-le autant de fois que vous le souhaitez. Essayez d'y aller pendant une dizaine de minutes, mais vous pouvez décider d'arrêter la pratique à tout moment lorsque vous êtes prêt à en discuter. Ensuite, inversez les rôles et posez les questions à votre partenaire.

Voici quelques questions typiques; pour rendre la pratique plus intéressante aux personnes qui posent les questions, vous pouvez aussi essayer de trouver intuitivement d'autres questions propres à la personne avec laquelle vous êtes.

Quel âge as-tu?

D'où viens-tu?

Quand es-tu né?

Comment t'appelles-tu?

Qui sont tes parents?

Où habites-tu?

Quel est ton vrai travail?

Qui es-tu?

Voir et être vu

Avant de pouvoir être vraiment ensemble, nous devons découvrir et dénouer quelques-uns de nos enjeux vis-à-vis de voir et être vus. Le simple fait de pouvoir regarder quelqu'un avec l'innocence et l'intrépidité d'un enfant peut être un cadeau pour l'observateur et l'observé.

On peut discerner beaucoup de choses à propos des gens en observant la façon dont ils regardent, ou pas, les autres. Évitent-ils de croiser le regard? Cela peut venir d'importantes différences culturelles ou personnelles.

Beaucoup d'entre nous ont appris à résister à l'expérience de voir profondément ou d'être vu. Des règles familiales ou culturelles peuvent nous avoir conditionnés à éviter de regarder quelqu'un ou de voir profondément, au-delà de ce qui est à la surface. Nos besoins de sécurité et d'approbation peuvent avoir entraîné des habitudes de se cacher derrière un masque, de présenter une façade ou une « fausse image », ou simplement de se sentir un peu mal à l'aise d'être vu par les autres.

Il est difficile de se connecter visuellement lorsque la peur est la réaction habituelle à toute perspective d'intimité. Et pourtant, comme le savent les poètes et les romantiques, « les yeux sont les fenêtres de l'âme ». Les sentiments peuvent être lus en regardant dans les yeux de quelqu'un. L'hostilité et l'amour, la peur, la colère, la menace, le chagrin, la tristesse, le bonheur et la santé sont tous écrits d'une façon ou d'une autre dans les yeux. Pour être en présence bienveillante, pour voir au-delà de ce qui est à la surface, nous devons regarder l'autre dans les yeux de façon

62

réceptive, calme, ouverte et éventuellement pendant longtemps. Nous devons être capables d'accueillir pleinement l'autre, sans crainte, de le recevoir complètement. Pour cela, nous devons être tout aussi ouverts à être regardés qu'à être vus.

Pour découvrir certaines de nos difficultés à voir et à être vu, nous voulons nous engager à voir profondément en nous-mêmes. Les émotions et les souvenirs que cette prochaine pratique peut évoquer proviennent généralement des profondeurs de notre être. Des parties de nous qui contrôlent nos états d'esprit, ainsi que la personne que nous pouvons être, dans nos relations aux autres. Bien sûr, l'état vers lequel nous tendons est celui de la présence bienveillante. Si nous avons en quelque sorte perdu la faculté de le faire – par exemple si nous n'avions pas de personne aimante pour prendre soin de nous quand nous étions jeunes – cette pratique de voir et d'être vu peut nous aider à retrouver du lien relationnel.

L'idée et le but essentiel de cette pratique sont donc de découvrir et de transformer les problèmes ou les obstacles que nous rencontrons à voir les autres et/ou à être vus. Si nous voulons voir les autres en profondeur afin d'être pleinement présents pour eux tels qu'ils sont, nous devons étudier nos propres problèmes et attitudes concernant le fait de voir et d'être vu. Voici un moyen de découvrir ce qui nous empêche de voir profondément une autre personne et/ou de nous laisser voir pour de vrai.

La pratique « *voir et être vu* »

Dans cette pratique, asseyez-vous deux par deux en silence, l'un en face de l'autre, et portez attention à votre expérience intérieure en écoutant certaines phrases, enregistrées ou prononcées par une autre personne. Les phrases sont offertes lentement, une à la fois, pour vous permettre d'observer ce qu'elles évoquent. Voici quelques exemples :

C'est normal de regarder l'autre pour voir qui est là (...)

C'est bien de regarder vraiment quelqu'un et de le voir clairement (...)

C'est normal d'utiliser tes yeux comme les enfants innocents utilisent les leurs, juste par curiosité, juste pour regarder simplement (...)

Il n'y a pas de danger à regarder les autres et à les voir réellement (...)

C'est correct d'être vu (...)

Il n'y a pas de danger à laisser quelqu'un te voir (...)

C'est normal de laisser les autres te regarder et voir qui tu es (...)

Tu n'as pas besoin de te cacher (...)

Il n'y a pas de danger à laisser quelqu'un voir ce que tu ressens (...)

Après avoir entendu les phrases, restez avec votre expérience pendant quelques instants; puis parlez avec votre partenaire de ce qui s'est passé. Signalez tout ce que vous avez remarqué pendant que vous écoutiez les phrases exploratoires. Parlez de votre expérience et évitez de vous lancer dans des interprétations et des analyses de vos réactions.

Les pratiques suivantes nous aident à passer de cette phase d'étude de soi à cultiver une attitude plus vaste. Nous voulons d'abord découvrir nos habitudes et nos impulsions; ensuite, nous nous exerçons à les mettre en pause, à détendre ce qui est automatique et à ouvrir l'espace à quelque chose de nouveau.

Ce qui suit est une pratique pour avoir un nouveau regard (...)

Voir au-delà

Une fois que nous pouvons nous permettre de voir et d'être vus sans gêne ni crainte, nous sommes prêts à « voir au-delà », voir les autres dans ce qu'ils sont de plus profond, de plus essentiel.

Pour voir au-delà de la surface, dans la profondeur de quelqu'un, nous voulons voir sans trop réfléchir, sans avoir trop d'idées ou d'a priori sur la personne que nous voyons. Les projections et les préjugés interfèrent avec cette façon de voir.

Lao Tzu raconte une histoire où un homme soupçonnait le fils de son voisin d'avoir volé sa hache. Il ne pouvait s'empêcher de voir le petit garçon comme un voleur. Mais quand le voisin de l'homme lui a rendu la hache qu'il avait empruntée, il a pu voir que le garçon marchait, regardait et parlait comme n'importe quel autre enfant.

L'idée que la vision n'est qu'une réception sensorielle passive est tout à fait erronée. Le scientifique Rupert Sheldrake a fait des recherches sur le sentiment d'être regardé. Il démontre que les gens savent souvent qu'ils sont regardés, même s'ils ne peuvent pas voir qui ou quoi les regarde. Voir n'est pas une mince affaire, et voir au-delà non plus.

En étant vastes et détendus, nous sommes capables de percevoir des signaux très subtils, des signaux qui nous auraient normalement échappé. Au fond de nous-mêmes, nous sommes capables de percevoir quelque chose d'essentiel à propos de la personne avec qui nous sommes. Il peut s'agir de son histoire, de ses joies et de ses déceptions, d'une douleur émotionnelle, voire d'un léger soupçon de sacré. Il y a comme une douceur dans presque chaque âme, un peu comme la douceur qui émane des bébés.

Dans cette pratique, il s'agit de voir profondément en l'autre, et d'y trouver quelque chose qui éveille des sentiments chaleureux en nous.

Une façon d'y parvenir est de faire moins attention à ce que la personne fait et d'être plus attentif à la façon dont elle fait les choses. Nous voulons remarquer sa posture, ses mouvements, ses gestes, le ton de sa voix, ses habitudes verbales, sa façon d'être, qui elle est – son style. Il existe, par exemple, de nombreuses façons de poser un livre et chaque façon peut révéler quelque chose de différent : négligence ou agressivité, précision ou maladresse, délicatesse, agitation, colère, peur, douleur, gentillesse, etc.

Tout ce que fait une personne a un style susceptible de la révéler. Si nous observons plusieurs détails à la fois et que nous en étudions le style, il y a généralement un élément commun, et cela peut nous suggérer une qualité particulière ou un thème particulier. C'est une pratique qui peut se faire en petit groupe. Il peut être à la fois intimidant et nourrissant d'être vu par les autres de cette façon.

Nous devons être bienveillants, amicaux, intéressés, curieux et sans jugement les uns envers les autres pour nous sentir assez en sécurité et pouvoir nous observer de cette façon. Nous devons aussi rester ouverts et vastes. En étant vastes et sans préjugés, nous restons ouverts aux impressions et aux hypothèses intuitives. Les impressions qui pourraient être perspicaces se révèlent facilement. Il n'est pas nécessaire de justifier nos impressions sur les autres par des raisons solides, il suffit de se rappeler qu'elles ne sont que de simples suppositions. Nous voulons être comme des artistes et des poètes, ludiques et créatifs, en laissant notre imagination nous aider à voir plus que ce qui semble évident.

La pratique « voir au-delà »

Une personne va faire plusieurs choses à la suite, tandis qu'un ou plusieurs partenaires sont simplement témoins.

La première chose que fait la personne est simplement de se lever ou de s'asseoir devant ses partenaires. Les partenaires font ce que l'on appelle un clignement des yeux : ils ouvrent les yeux pendant une seconde pour se faire une idée de la personne.

La personne dit alors quelques lignes d'une comptine de son enfance comme « Vive le vent » ou quelque chose de comparable, tandis que ses partenaires se contentent d'écouter (avec les yeux ouverts ou fermés).

Ensuite, la personne se lève et s'éloigne de quelques pas, prend quelque chose ou fait semblant de le faire, et retourne vers les partenaires pendant qu'ils observent simplement.

Enfin, la personne dit quelque chose de significatif et de personnel, d'abord avec les yeux ouverts, puis avec les yeux fermés alors que ses partenaires continuent leurs observations.

Les partenaires : Demandez-vous s'il existe un schéma directeur ici? Qu'est-ce qui semble caractéristique du style de la personne? (Comme se déplacer rapidement ou timidement, parler et bouger doucement, faire tout avec confiance ou sembler timide, etc.)

Bien entendu, cette façon de regarder peut être pratiquée à tout moment sans en parler à la personne observée. Il est important de se rappeler de faire la différence entre nos observations et nos impressions d'une part, et nos suppositions ou interprétations d'autre part. Nous voulons être sincèrement fascinés par l'observation des autres, en laissant jouer notre imagination dans un espace loin de tout jugement.

En apprenant à voir au plus profond des gens, nous nous donnons la possibilité de voir ce qui en eux nous inspire et nous nourrit le plus. Nous voulons être capables de voir et d'apprécier la beauté essentielle de chacun, et de nous en réjouir. Nous voulons nous ouvrir à une nourriture spirituelle et non égocentrée.

La prochaine pratique est un moyen de commencer à créer une atmosphère de présence bienveillante pour recevoir ce genre de nourriture spirituelle. Nous l'appelons : « *amorcer la pompe* ».

Amorcer la pompe

Dans cette pratique, nous sommes assis avec d'autres pour partager des souvenirs et des histoires sur des personnes qui ont fait la différence pour nous, ces personnes qui ont été une bénédiction dans nos vies. Le simple fait de nous souvenir et de parler des qualités de ces personnes et des cadeaux qu'elles ont apportés à notre vie nous prépare à voir ces mêmes qualités chez les autres. Nous faisons ce partage principalement pour générer un changement de perception dans le groupe, à travers une énergie qui est palpable.

Ainsi, comme des enfants autour d'un feu de camp, nous nous racontons des histoires. L'ambiance créée nous conduit rapidement au sentiment d'être nourri par le simple fait d'être ensemble, le genre de nourriture qui soutiendra la présence bienveillante. L'état d'esprit de la présence bienveillante commence par un sentiment d'intérêt chaleureux et une appréciation des autres, spécialement de leurs qualités et de leurs talents particuliers.

La pratique « amorcer la pompe »

En petit groupe, chaque personne prend quelques minutes pour parler d'un être cher qui a influencé sa vie d'une façon nourrissante et inspirante, une personne qui a été un cadeau pour eux. Les autres écoutent simplement en silence, sans faire de commentaires ni poser de questions, simplement en écoutant et en accueillant.

Une fois que chacun a partagé, discutez pendant quelques minutes de l'effet de ce genre de partage. Quel genre de sentiments et d'état d'esprit ce partage a-t-il généré en vous, à la fois en tant qu'orateur et en tant qu'auditeur? Comment cela a-t-il semblé changer votre état d'esprit et vos interactions avec les autres?

La pratique « *amorcer la pompe* » mène naturellement à l'étape suivante de la présence bienveillante, l'étape d'être nourri. Voici quelque chose que vous pouvez faire seul, à deux ou en petit groupe.

« Rien d'autre ne compte autant,
Que de se rassurer mutuellement,
De se répondre l'un l'autre.
Chacun porte en lui,
comment l'appeler?
Un fait réjouissant ».

- Ugo Betti

Chercher l'inspiration

Toute personne est source d'« un fait réjouissant » (...) d'une sorte de nourriture spirituelle que nous pouvons trouver si nous la regardons profondément et si nous suspendons tout objectif autre que celui de rechercher, découvrir et absorber cette nourriture.

Ce genre de nourriture n'a rien à voir avec notre ego, c'est une « nourriture de l'âme » au même titre que de la grande musique ou une douce amitié. On pourrait aussi appeler cela l'inspiration.

Si nous voulons être bienveillants, nous devons ressentir le plaisir de l'inspiration, le plaisir de voir notre esprit s'élever et se ressourcer. Notre but est de trouver ce plaisir en regardant profondément dans la personne avec laquelle nous sommes. Si nous y parvenons, nous répondrons spontanément par un sentiment bienveillant. Nous nous sentirons plus compatissants, et nous aurons naturellement envie de lui offrir notre temps, notre attention, notre présence et de prendre soin (...) Pour cela, nous recherchons et trouvons délibérément des sources de bonté et d'inspiration chez l'autre. C'est le but de cette pratique.

Il y a une bonté innée en chacun. Selon une croyance bouddhiste, le fondement de l'être est la bonté inconditionnelle. Nous voulons voir au-delà des comportements de quelqu'un, de ses problèmes ou de ses symptômes. Nous cherchons à voir ce qui est bon, ce qui est juste, ce qui inspire.

Nous avons vu que la beauté, l'innocence, la douceur, la vulnérabilité, l'humanité d'une personne – son humanité ordinaire, peuvent être la source de ce type de nourriture. Nous avons été touchés par le courage, la loyauté ou la capacité d'amour de certaines personnes. Nous avons pu être inspirés par la profondeur de leur douleur et la façon dont elles l'ont néanmoins traversée, avec détermination, persévérance, voire obstination.

Nous voyons parfois l'universel et le mythique, voire l'héroïque. « C'est ce qui m'est arrivé une fois [Ron], alors qu'un client parlait de sa petite fille à naître. Il était sur le point de devenir père. En tant que père moi-même, je savais ce qui l'attendait. Je pouvais voir qu'il était en train de faire une transition que les pères font depuis des millions d'années. Toute la sagesse génétique et culturelle ancrée dans notre espèce semblait converger dans ce futur père en particulier. Je l'ai vu, non seulement comme l'individu qu'il était, mais aussi comme celui qui portait en lui cette chose appelée paternité. Il représentait pour moi, à ce moment-là, tous les hommes qui n'ont jamais été père. J'ai pu lui parler de la façon dont cela allait se dérouler pour lui et du fait qu'il n'était pas confronté à l'arrivée de sa fille sans y être préparé. La chance et le temps l'y préparaient depuis toujours. Un milliard de pères avant lui avaient ouvert la voie. Il avait en lui, s'il pouvait l'écouter, la sagesse des pères, qui lui serait bien utile dans cette nouvelle aventure. »

Ce type d'information se retrouve dans les mythes de tous les peuples du monde. C'est la même sagesse qui nous permet de voir les autres comme des êtres mythiques ou des archétypes. C'est le guérisseur dans le médecin, le protecteur dans le guerrier, l'archétype de la mère chez ceux qui nous nourrissent et nous écoutent. Ces identités façonnent nos décisions, nos évènements, et c'est vrai pour chacun d'entre nous. Parfois la richesse de l'autre se trouve dans ces esprits universels.

Ce qui est nourrissant chez l'autre peut aussi se trouver dans le plus précisément personnel. Peut-être verrons-nous l'enfant dans la personne adulte. Peut-être verrons-nous la tendresse ou la vulnérabilité. Il est possible de voir la douleur inéluctable aussi bien que la souffrance inutile. Toutes deux peuvent évoquer un sentiment de compassion.

Nous cherchons donc ce genre de choses : la grâce, la beauté et la bonté essentielle, le mythique et l'universel, une profondeur de sentiment ou de vulnérabilité. Nous pouvons même trouver l'inspiration dans de l'entêtement ou dans un instinct de survie féroce. Il n'est pas nécessaire que ce soit conventionnellement positif pour que nous puissions l'apprécier.

Et il y a toujours quelque chose. Une personne est profondément honnête. Une autre a beaucoup de courage. Une autre a du talent, de l'humour, ou de la poésie. Ce quelque chose est disponible à chaque instant.

La pratique « chercher l'inspiration »

Deux par deux ou en petit groupe, une personne à la fois parle de quelque chose de significatif ou de marquant dans sa vie. C'est une occasion d'être vu et entendu d'une façon chaleureuse et vaste.

Votre tâche principale en tant qu'auditeur est d'être réceptif aux aspects de la situation et de la personne qui parle qui peuvent vous nourrir spirituellement. Il ne s'agit pas tant de suivre le récit. Il s'agit plutôt de savoir à quel point le conteur est beau ou raconte bien, ou à quel point il est merveilleux de se sentir en sécurité dans un échange si intime avec quelqu'un.

Cela peut commencer par le simple fait de prendre plaisir à être curieux et à découvrir. Il peut s'agir de voir la vulnérabilité ou l'humanité, ou même des signes de souffrance présente ou passée chez l'autre. Il peut s'agir de sa force, de son courage, de son honnêteté ou de sa vulnérabilité.

Recherchez quelque chose d'universel, ou d'archétypal, de la grâce ou de la beauté, ou la bonté fondamentale que vous pouvez voir chez cette personne. Trouvez un moyen de vous laisser remplir par cette qualité; ouvrez votre cœur et accueillez-la. Écoutez la personne en silence sans lui répondre verbalement, sans faire de commentaires ou d'interventions. Laissez-vous simplement inspirer et nourrir d'une façon ou d'une autre par la personne qui parle.

Faites-le aussi longtemps que cela semble bon pour la personne qui parle, puis discutez-en ensemble. Ne vous référez pas au contenu de l'histoire. Parlez simplement de votre propre expérience. Comment était-ce d'écouter de cette façon? D'être écouté de cette façon? Qu'est-ce qui vous a le plus nourri? Faites en sorte que chaque personne puisse parler à son tour.

L'état d'esprit que nous appelons présence bienveillante commence à émerger spontanément à la suite de la séquence de pratiques que nous avons présentée. Il émerge tout naturellement dans certaines situations de vie.

Ces pratiques visent simplement à cultiver cet état d'esprit de façon plus prévisible et plus facile, dans toutes nos interactions humaines. Nous proposons maintenant un moyen de se préparer à cet état d'esprit, que ce soit seul ou avec d'autres (...)

La présence bienveillante

Pour soi-même avant tout!

Commencez par prendre du temps pour détendre et apaiser votre mental. La première étape consiste à ressentir un état calme et de détente dans l'esprit et le corps. Une pratique régulière de la pleine conscience permet d'accéder plus facilement à cet état lorsque vous en avez besoin. Trouvez une pratique qui fonctionne pour vous, et vous permet de calmer votre mental et de détendre votre corps, par exemple en utilisant la respiration, la méditation ou le yoga, ou en utilisant un CD de relaxation guidée ou de la musique. Vous avez peut-être déjà découvert qu'une simple pratique de pleine conscience est l'un des moyens les plus efficaces de vous calmer.

Pensez à quelqu'un qui est l'une des personnes les plus chaleureuses que vous connaissez. Remarquez ce qui se passe en vous alors que vous l'évoquez. Votre respiration change-t-elle? Comment votre corps se sent-il lorsque vous pensez à cette personne? Restez quelques minutes avec votre expérience corporelle.

Maintenant, pensez à quelqu'un que vous aimez ou que vous avez aimé. Passez un moment à simplement prêter attention à vos sensations physiques et à comment ce sentiment d'amour, même en tant que souvenir, se vit dans le corps. Demandez-vous quelles habitudes non pertinentes et inutiles interfèrent parfois avec ces sentiments de paix et d'amour et vous empêchent d'être pleinement présent de façon bienveillante.

Prenez un moment pour penser à une personne qui vous est chère, une personne pour laquelle vous ressentez de la compassion. Pensez à elle suffisamment pour faire naître des sentiments d'appréciation et d'amour et laissez ces sentiments commencer à se stabiliser. Remarquez la source de ces sentiments dans votre corps. Faites des allers-retours entre le fait de penser à la personne et l'observation des sensations que vous éprouvez. C'est comme si vous pouviez rentrer en contact avec la partie de vous qui est capable de plus de compassion et d'amour. On dit que la gratitude est la clé qui ouvre le cœur. Comment votre cœur semble-t-il s'ouvrir avec ces pensées? Restez avec ces sentiments et laissez-les se stabiliser avant de passer à l'étape suivante. Remplacez maintenant la personne originale dans votre esprit par une autre personne, également une personne avec laquelle il vous est facile de vous sentir positif, puis par une autre.

À un moment donné, une fois que vous avez cultivé l'état d'esprit de la présence bienveillante en pensant aux autres, prenez conscience de vous-même – peut-être même d'une partie de vous-même envers laquelle vous êtes critique. Il peut être utile d'imaginer cette partie de vous-même comme un petit enfant et d'observer si cela vous aide à trouver des informations sur ses besoins et ses sentiments. Pouvez-vous laisser cette image susciter en vous les mêmes sentiments d'amour et de gentillesse que vous ressentez facilement pour les autres? Lorsque vous êtes capable de le faire, remarquez si cette partie de l'enfant semble réaliser que vous vous sentez plus doux, moins critique, peut-être plus aimant envers elle.

Lorsque nous pouvons remarquer et interrompre les vieilles habitudes d'autocritique ou de reniement de soi, nous commençons à changer la qualité de notre relation à la fois avec nous-mêmes et avec les autres. Nos relations intérieures et extérieures se transforment en une expression plus saine et plus aimante de notre moi profond, de l'esprit de qui nous sommes vraiment.

> *« Soyez ce que vous êtes : l'intelligence*
> *et l'amour en action ».*
>
> *- Nisargadatta Maharaj*

L'idée de base de toute cette pratique est qu'il est possible de mettre en place un schéma particulier d'interaction entre deux ou plusieurs personnes qui permet une connexion émotionnelle saine. La création de ce schéma est l'objectif même de cette pratique de la présence bienveillante. Elle sied à toute interaction entre deux ou plusieurs êtres sensibles.

La présence bienveillante avec les autres

Lorsque la guérison émotionnelle se produit, elle se produit dans un certain contexte – au bon endroit, au bon moment et, surtout, avec les bonnes personnes dans le bon état d'esprit. Le contexte aide à initier le processus de guérison et le soutient au fur et à mesure qu'il se déroule. Lorsque quelqu'un reste attentif et aimant, sans autre objectif que de voir profondément et de s'inspirer de ce qui est vu, un contexte de guérison et de changement est créé.

Si vous êtes thérapeute, vos clients reconnaîtront que l'aide et la guérison sont possibles, qu'il y a là une personne aimante, attentive et disponible. Cela suffit souvent pour faire naître une expérience spontanée de guérison émotionnelle. Quelque chose chez le client reconnaît la situation comme une occasion de faire ressortir ses sentiments les plus profonds et de s'en décharger. Les souvenirs et les sentiments douloureux ont besoin de ce type d'accompagnement pour guérir. Lorsque la guérison émotionnelle se produit, elle commence spontanément, facilement et presque immédiatement avec la présence d'une personne en état de bienveillance. L'état d'esprit du thérapeute vient juste après l'engagement personnel du client dans les facteurs influençant de manière significative tout processus thérapeutique. La présence bienveillante.

Mais il n'est pas nécessaire d'être thérapeute pour offrir ce type de présence bienfaisante à une autre personne. Nous en sommes tous capables.

> *« J'ai appris à écouter,*
> *à écouter avec un cœur immobile,*
> *avec une âme attentive et ouverte,*
> *sans passion, sans désir,*
> *sans jugement,*
> *sans opinion. »*
>
> *~Hermann Hesse*

La pratique de « la présence bienveillante » à deux (ou en petit groupe)

Une personne parle d'un évènement émotionnellement puissant dans sa vie. Celle qui écoute suit l'histoire, mais reste surtout en contact avec toutes les sources de nourriture et d'inspiration disponibles à chaque instant de l'écoute. Quelles que soient les sources que vous trouvez, faites en sorte de vous en imprégner, de vous laisser nourrir et inspirer alors même que vous écoutez. Écoutez sans parler ni intervenir. Ne posez pas de questions et ne faites pas de commentaires. Soyez simplement en présence bienveillante. Ouvrez votre cœur, soyez attentif, détendez-vous et écoutez chaleureusement, le cœur ouvert et sans jugement. Vous n'avez rien d'autre à faire (à l'exception des instructions ci-dessous) – aucune autre responsabilité que celle de vous inspirer et vous nourrir.

La personne qui parle : n'oubliez pas de regarder la personne qui vous écoute, au moins une partie du temps. Découvrez ce que vous ressentez à être avec cette personne qui vous accueille en présence bienveillante.

La personne qui écoute : si la personne qui raconte l'histoire ne vous regarde pas, rappelez-le-lui gentiment, peut-être juste avec un léger contact. Étudiez vos impulsions à faire ou à dire des choses et revenez simplement à votre recherche d'inspiration pour être en présence bienveillante.

Continuez aussi longtemps que cela vous semble approprié pour les deux, surtout pour la personne qui parle. Ensuite, discutez de vos expériences (et non du problème ou de l'histoire dont la personne parlait). Parlez simplement de l'expérience de la présence bienveillante et de la façon dont elle vous a touché.

Un cadeau d'amour

La présence bienveillante est pertinente pour être avec les autres dans toutes sortes de situations interpersonnelles. Voici une histoire personnelle sur cette pratique. Une jeune mère que nous connaissons a décidé d'apporter la pratique de la présence bienveillante à ses deux petites filles. Elle leur a offert à chacune quelques minutes de présence bienveillante à l'heure du coucher. Elle leur a expliqué qu'elles pouvaient tout lui dire et qu'elle ne poserait pas de questions ou ne donnerait pas de conseils (...) elle se contenterait de les écouter, de les apprécier et de les aimer pendant qu'elles parleraient de n'importe quoi. Elles pourraient aussi simplement être ensemble en silence si elles le souhaitaient. Les filles en sont venues à chérir ce moment avec leur mère. En fait, au bout de quelques semaines, elles ont dit à leur mère : « Nous voulons que papa nous fasse aussi un cadeau d'amour à l'heure du coucher! »

La dernière étape de la pratique de la présence bienveillante consiste à se répondre les uns les autres. Répondre de façon bienveillante est possible et plus probable lorsque nous avons pratiqué l'état de présence bienveillante. Quelques étapes simples influencent fortement la façon dont nous réagissons à partir de cet état.

Voici une façon de pratiquer cela avec un partenaire ou un groupe (...)

Avant de parler

Ceci est un processus en quatre étapes, des étapes qui deviennent des habitudes compétentes après un certain temps. Tout d'abord, nous voulons que nos réponses soient pertinentes à l'expérience présente. C'est essentiel. Cela signifie que nous devons prêter une attention constante et soutenue à l'expression de l'autre personne sur ce qui se passe pour elle dans le moment présent. La tendance pour beaucoup d'entre nous est de se laisser entraîner dans une conversation normale. Mais les pensées et les idées qui surgissent dans une conversation peuvent n'avoir aucun rapport avec ce que la personne ressent réellement sur le moment.

La première étape de cette pratique consiste donc à revenir dans le moment présent. Nous voulons remarquer ce qui se passe dans le présent, pour nous, mais surtout pour l'autre. Il peut s'agir d'une certaine excitation ou d'une préoccupation. Il peut s'agir d'un sentiment de tristesse ou d'inquiétude ou simplement d'un geste expressif ou d'un ton de voix. Ce sont là le genre de choses que nous voulons remarquer.

La deuxième étape consiste à nommer intérieurement ce que nous avons remarqué, en silence, uniquement pour nous-mêmes. C'est un peu comme la tâche du romancier, à laquelle les écrivains sont confrontés en permanence : mettre en mots des sentiments, des images et des idées vagues. Ce qui rend cette tâche quelque peu difficile, c'est que nous écoutons quelqu'un parler, tout en essayant de mettre des mots sur quelque chose qui n'a peut-être aucun rapport avec ce dont la personne parle.

Notre habitude, lorsque quelqu'un parle, est de nous concentrer principalement sur ce qu'elle dit, en tenant compte des idées, des implications et des images qui nous viennent. Cela demande souvent toute notre concentration. C'est ce qui se passe pour les thérapeutes, mais aussi pour les amis, les enseignants, les parents, les conjoints. Mais ici, quel que soit notre rôle, nous voulons nous concentrer sur quelque chose d'entièrement différent. Nous voulons essayer de mettre nos propres mots sur quelque chose que nous remarquons chez la personne qui nous parle. Cela demande de la pratique.

Nous essayons de mettre des mots sur quelque chose qui a lieu, mais dont on ne parle pas nécessairement. La personne peut avoir des sentiments ou une attitude par rapport à ce dont elle parle, mais ne pas les mentionner; il se peut même qu'elle n'en soit pas consciente. Ces choses font certainement partie de la communication, mais elles ne sont pas verbales. Elles sont en arrière-plan. Elles sont exprimées par le ton de la voix, le rythme, l'accent, la posture, les mouvements, les gestes et les expressions faciales. Nous répondons souvent à ces éléments non verbaux de la communication sans y penser, sans les nommer. Cette fois, nous voulons les nommer délibérément, mais silencieusement en nous-mêmes.

Nous voulons également ressentir de l'empathie pour que nos réponses soient bienveillantes. C'est donc la troisième étape : être nourri, apprécier ce quelque chose que nous avons remarqué chez l'autre. Si nous sommes déjà dans un état d'esprit de présence bienveillante, ayant cherché et trouvé l'inspiration, cette appréciation est déjà présente.

Ainsi, avant de parler, nous prenons le temps d'apprécier quelque chose que nous avons remarqué.

Tout cela se passe avant que nous ne donnions une éventuelle réponse verbale, qui sera la dernière étape. Grâce à cette préparation, il suffit de laisser nos pensées et nos sentiments spontanés générer notre réponse. Nous n'avons pas besoin d'être prudents ou très réfléchis à ce sujet. Ce processus n'est pas déterminé par la pensée cognitive; il est influencé et guidé par le type de sentiments qui ont été consciemment suscités par les étapes un, deux et trois. Tout ce que nous dirons à ce stade et à partir de ce type de connexion empathique sera en résonance avec l'autre. Il est plus que probable que ce soit pertinent et approprié, sans être calculé. Ce sera bienveillant et nourrissant sans que nous fassions le moindre effort pour qu'il en soit ainsi.

C'est ça la présence bienveillante en action et cela dépend totalement de ce que nous avons fait avant d'ouvrir la bouche pour parler.

La pratique « avant de parler »

Pour pratiquer la présence bienveillante dans le cadre d'une interaction normale à deux, passez une quinzaine de minutes à travailler de la façon suivante :

À deux, une personne parle. La personne qui écoute pratique la présence bienveillante. Avant toute réponse, elle attend le signal de l'interlocuteur qui lui indique que c'est son tour, et avant de dire quoi que ce soit, fait d'abord ces trois choses :

- **Remarquez** quelque chose dans le moment présent au sujet de la personne qui parle; quelque chose qui a à voir avec la situation humaine à laquelle vous faites face, en cet instant. C'est très différent de l'activité plus limitée qui consiste à suivre l'histoire et à réfléchir au contenu de ce que la personne vous dit.

- **Nommez** intérieurement ce que vous avez remarqué. Pas à haute voix, mais en silence, dans le cadre de votre réflexion et de votre intuition. Mettez en mots ce que vous remarquez, pour vous-même.

- Cette chose que vous avez nommée pour vous-même, **appréciez-la**, profitez-en, ressentez-la, digérez-la.

Quel cadeau d'avoir pu le remarquer. Laissez-la vous toucher ou vous inspirer. Savourez-en la qualité comme une nourriture pour l'âme. Laissez votre être tout entier participer à cette inspiration et à ce qui est nourrissant. Et pour terminer (...)

* **Répondez** à partir de ce lieu d'appréciation; permettez que la prochaine chose que vous allez dire ou faire surgisse simplement de votre cœur ou vous vienne aisément à l'esprit. Détendez-vous et voyez quelles réponses naturelles vous viennent spontanément alors que vous vous reposez dans cette attitude de gratitude et d'appréciation. Soyez confiant dans le fait qu'une impulsion appropriée et bienveillante va émerger sans effort excessif. Si aucune réponse verbale ne survient naturellement, continuez simplement à écouter en présence bienveillante et laissez le fait d'être nourri et inspiré adoucir votre visage et votre comportement. Nous appelons cela « rayonner ». Ne faites pas semblant. Laissez cela se produire naturellement.

Continuez à écouter et à répondre de cette façon pendant dix ou quinze minutes. Par la suite, discutez ensemble de vos expériences – à la fois comme personne qui a écouté et comme personne qui a parlé, ou en tant qu'observateurs ou témoins présents.

Ce sont les étapes de base et les pratiques clés pour chaque étape, mais il existe de nombreuses pratiques supplémentaires et complémentaires qui amélioreront et enrichiront votre capacité à vivre ce formidable état d'esprit.

QUAND UNE PRÉSENCE
BIENVEILLANTE EST NÉCESSAIRE

Dès notre premier souffle, nous sommes en relation.
Par cet air inspiré, nous nous joignons
à tout ce qui a toujours été, est et sera toujours.
À l'expiration, nous forgeons ce lien
au nom de l'acte de vivre.

Notre souffle se confond avec tous les souffles, et
nous faisons partie du tout. C'est le simple fait des
choses. Nous sommes nés dans un état de relation, et
nos cérémonies et rituels sont des guides qui nous
conduisent plus profondément dans ce lien à toute
chose. Grande leçon?
Les relations ne finissent jamais; elles changent
simplement.

C'est dans cette conviction que réside la liberté de
faire preuve de compassion, d'empathie, d'amour,
de bonté et de respect dans et à travers tout ce qui
change. Par cette pratique nous sommes davantage.

~Richard Wagamese

Où est-ce que la présence bienveillante est le plus nécessaire

La pratique de la présence bienveillante s'applique à de nombreuses situations de vie personnelle et professionnelle. Elle crée le meilleur contexte pour toute relation qui se veut guérissante. Ce sont ces lieux où vous vous sentez les plus démunis qui appellent justement à être en présence bienveillante. C'est la personne avec laquelle vous avez le plus de difficulté qui vous offre la possibilité d'interrompre vos habitudes pour passer à un état d'esprit plus vaste. Chaque fois que vous sentez votre cœur souffrir peut être le signal que votre capacité d'amour est prête à s'ouvrir à de nouvelles dimensions. La présence bienveillante est utile :

- Avec votre partenaire
- Avec les enfants
- Avec les amis
- Avec la famille
- Avec les malades ou les mourants
- Avec les patients/clients
- Avec un groupe
- Avec soi-même

Le processus de guérison n'est ni mécanique, ni linéaire, ni logique. Un doigt éraflé n'a pas besoin de théories pour guérir. Il connaît le chemin et, si on en facilite l'accès, il guérira. La guérison des blessures émotionnelles passe par l'amour et l'attention d'une présence solide, calme et appropriée. Il reste encore du travail à faire, mais c'est tellement plus facile en présence d'un être bienveillant. C'est ce que tant d'entre nous aiment chez nos chiens de compagnie. Ils ne voient que le meilleur en nous et ils nous aiment inconditionnellement, simplement comme nous sommes.

Cette façon d'être présent est innée, mais beaucoup d'entre nous l'ont oublié, ou en ont perdu l'habitude. Apprécier nos semblables est une capacité humaine naturelle, présente à un certain degré dans chaque enfant qui naît. À moins qu'elle n'ait été endommagée ou détruite par des circonstances terribles, elle est présente dans chaque personne que nous rencontrons. Nous pouvons la trouver en nous-mêmes et nous pouvons la trouver en chacun de nous. Nous pouvons l'offrir à ceux que nous aidons, que ce soit en tant qu'amis ou en tant que thérapeutes. Sans apprendre à aimer et à être présents de cette façon, nous vivons avec des poids sur le cœur et l'esprit, et avec les yeux fermés et les oreilles bouchées. Nous passons à côté de certaines des expériences les plus nourrissantes et les plus épanouissantes que la vie puisse nous offrir.

Voici quelques idées pour utiliser la pratique de la présence bienveillante avec les amis, la famille ou au travail.

Avec votre partenaire

« Les étoiles se mettent à tourner chaque nuit,
étourdies d'amour.
Si elles ne l'étaient pas,
elles seraient lasses de tourner.
Elles diraient,
"Combien de temps encore
devons-nous faire cela!" »

~ Rumi

Dans un engagement mutuel tel que le mariage, la pratique de la présence bienveillante augmente le niveau de confiance, d'appréciation, de communication et d'intimité que vous pouvez avoir avec votre partenaire.

Parfois, ce sont les personnes les plus proches de nous, celles que nous aimons le plus, que nous avons le plus de mal à apprécier. Nombre de pratiques qui mènent à la présence bienveillante peuvent être faites à la maison pour métamorphoser une situation difficile, et transformer la manière dont nous percevons l'autre et réagissons. Il est possible de commencer en choisissant de se concentrer sur quelque chose à apprécier chaque jour chez notre partenaire. Cela peut être difficile si notre habitude est de dresser une liste des choses qui nous dérangent. C'est quelque chose qu'une personne peut faire sans même en parler. Mais il est considérablement plus puissant de le faire ensemble.

Peut-être que votre partenaire et vous allez décider de vous donner un temps régulier pour pratiquer la présence bienveillante. Peut-être même, vous asseoir ensemble et pratiquer la pleine conscience pendant quelques minutes. Le fait de se réunir régulièrement en silence peut être un moyen puissant de créer une sorte de « résonance limbique » et une connexion plus profonde l'un avec l'autre.

Nous vous suggérons de commencer par « *la pleine conscience* » puis par « *être avec* », en se regardant simplement pendant quelques minutes, sans se parler, chacun d'entre vous étant témoin de sa propre expérience intérieure. Cette pratique à elle seule peut fortement contribuer à une plus grande intimité et à un plus grand amour.

La pratique suivante se nomme « *être avec 1-2-3* ». La première partie consiste simplement à se regarder mutuellement et remarquer vos réactions et impulsions intérieures, sans rien dire ni rien faire. La deuxième partie consiste à rechercher intentionnellement des signes de souffrance chez votre partenaire – laissez-vous voir ou imaginer ses difficultés et sa douleur. Ensuite, notez ce qui est interpelé en vous. Enfin, dans la troisième partie, recherchez quelque chose de positif chez votre partenaire. Voyez quelque chose qui vous touche ou vous nourrit, qui vous inspire. Encore une fois, observez votre propre expérience. Qu'est-ce qui se passe différemment en vous avec chaque façon de voir, d'être avec?

Parmi les autres pratiques à utiliser avec votre partenaire pour explorer cette approche, on peut citer celle appelée « *Intimité* », où vous ne parlez que de votre propre expérience présente tout en maintenant un contact visuel. Une ou deux phrases à la fois, sans vous interrompre l'un l'autre.

Ou bien, en écoutant votre partenaire vous parler, pratiquez « *la recherche d'une source d'inspiration* » et de ce qui est nourrissant. Lorsque votre partenaire a fini de dire ce qu'il veut dire, faites une pause et racontez simplement comment vous avez été nourri. Puis refaites une pause avant de vous remettre à discuter. Soyez tour à tour celle ou celui qui parle et celle ou celui qui écoute.

Certains couples s'engagent dans une pratique intentionnelle de présence bienveillante et choisissent de passer régulièrement jusqu'à une demi-heure à faire une ou plusieurs de ces pratiques, puis à parler de leur expérience. Cela peut changer la vie.

Avec les enfants

*« Nos relations d'attachement affectent la façon
dont nous voyons les autres et dont nous nous
voyons nous-mêmes. »*

~ *Daniel Siegel et Mary Hartzell*

Pendant la guerre du Vietnam, je [Ron] suis allé écouter des discours dans la magnifique Grace Cathedral de San Francisco, une église très grande et impressionnante. C'était le cadre idéal pour ce qui s'y déroulait : une protestation contre la guerre. Bien que je ne sois pas particulièrement religieux, j'ai été impressionné à la fois par le cadre et par le sujet. Le chef de l'église, Norman Vincent Peale, et deux lauréats du prix Nobel ont été parmi ceux qui ont pris la parole. L'un d'eux était physicien. L'autre était le neurophysiologiste George Wald, qui a dit avec éloquence : « Nous pouvons poser une question très simple sur cette guerre : est-elle bonne pour les enfants? » La réponse était évidente. La guerre n'est pas bonne pour les enfants. Il a poursuivi en citant d'autres choses, comme les armes atomiques, la pollution de l'air, la destruction de l'environnement et à chaque fois il a demandé : « Est-ce bon pour les enfants? » Ce critère me semble très sensé, cette question claire et simple : est-ce bon pour les enfants?

Quand je repense à ce discours, je me demande : « Qu'est-ce qui est bon pour les enfants? » Et voici ma réponse. J'ai lu un livre intitulé *The Developing Mind*, de Daniel J. Siegel, dont le chapitre sur l'attachement me revient à l'esprit. Il traite des schémas de connexions émotionnelles que les enfants développent en raison du type d'éducation qu'ils reçoivent. Ces schémas d'attachement sont les principaux déterminants du type de personnalités et de relations que l'enfant aura en grandissant. Ils façonnent toute la vie de l'enfant.

Siegel déclare entre autres que si un parent a vécu un traumatisme ou un deuil non résolu, cela aura un effet négatif sur les enfants. En d'autres termes, ce n'est pas bon pour les enfants. Un traumatisme ou un deuil non résolu crée de la douleur et de la souffrance, non seulement chez ces adultes en détresse, mais aussi chez leurs enfants. Selon Siegel, « (...) l'absence de résolution peut permettre au dysfonctionnement de se poursuivre à travers des générations. » Ces enfants ont une incapacité marquée à réguler leurs réponses émotionnelles et le flux de leurs états d'esprit.

Il est important de se rappeler que cela résulte d'un traumatisme ou d'un deuil *non résolu*. Si ces problèmes sont résolus, ils n'affectent pas les enfants.

Lorsque les problèmes des parents ne sont pas résolus et que le parent ne peut pas gérer ses réactions émotionnelles, il est imprévisible pour l'enfant. Le parent a des sautes d'humeur imprévisibles et l'enfant ne peut pas trouver le moyen d'être en sécurité avec ce parent. L'enfant étant très dépendant, il a avant tout besoin d'un parent sur lequel il peut compter. Si le parent n'est pas fiable, l'enfant ne peut pas se créer un monde fiable pour lui-même. L'enfant forme ce que l'on appelle un schéma d'attachement désorganisé/désorienté. Il s'agit d'une perturbation de base, d'une douloureuse déficience dans le développement du moi, d'un défaut dans la capacité à contrôler (gérer) les émotions qui limite fortement toute relation. Si et quand l'enfant perturbé devient à son tour un parent, la perturbation non résolue est transmise à ses enfants.

Ainsi, lorsque nous demandons « qu'est-ce qui est bon pour les enfants? », la réponse est claire. Ce qui est bon pour les enfants, c'est que les personnes qui s'occupent d'eux soient fiables, qu'elles puissent établir avec l'enfant une relation dans laquelle les besoins de l'enfant sont constamment reconnus et satisfaits. Parmi ces besoins figure la nécessité de vivre dans un monde qui fonctionne et qui a du sens. Si le monde des parents est cohérent et logique, cela aide l'enfant à se créer un monde cohérent et qui a du sens. Mais ce n'est pas tout. L'enfant doit apprendre à gérer ses émotions. Une gestion cohérente des affects de la part de la personne qui s'occupe de l'enfant rend cela possible. Nous savons donc qu'il est bon pour les enfants que les parents soient calmes, disponibles, sensibles aux besoins de l'enfant et fiables.

En thérapie, lorsqu'il faut résoudre des problèmes de traumatisme et de deuil, le thérapeute doit avoir exactement ces mêmes qualités : calme, présence, sensibilité, disponibilité, et les compétences nécessaires pour aider le client à créer un monde qui s'accorde et qui a du sens, un monde où nous pouvons trouver sécurité, réconfort et sens. Ces qualités sont fondamentales pour la santé psychologique et, par conséquent, pour bien prendre soin de l'autre. Et, il faut le dire, la psychothérapie, c'est prendre soin de l'autre. Les personnes perturbées ont manqué d'une ou de toutes les expériences de base que sont la sécurité, le réconfort ou le sens. C'est en leur apportant ces choses que l'on peut briser les chaînes du deuil, des traumatismes et des vies insatisfaisantes.

Une partie de cette disponibilité et de cette gentillesse peut être présente non seulement dans la thérapie et pas seulement entre les enfants et leurs parents, mais aussi dans toutes nos autres interactions quotidiennes. Quand nous sommes calmes, sensibles et disponibles dans nos relations, nous contribuons à créer un monde meilleur, non seulement pour nos enfants (qui en ont particulièrement besoin), mais pour tout le monde. La gentillesse et la disponibilité – c'est bon pour vous, bon pour moi et c'est bon pour les enfants.

Il peut être très facile de pratiquer la présence bienveillante avec des enfants. Apprécier leur curiosité sur le monde, leur détermination à apprendre (et à faire en sorte que leurs besoins soient satisfaits), leur étonnement face au monde – ce sont des choses qui suscitent facilement la joie. Bien sûr, toutes ces choses peuvent être très dérangeantes pour les adultes, mais il s'agit ici de ralentir suffisamment pour se connecter avec cette curiosité, cette détermination, cet étonnement.

Souvent, lorsqu'un enfant est bouleversé, les parents le sont aussi. Ils peuvent se sentir gênés parce qu'ils pensent que d'autres parents proches les jugent, ils peuvent être pressés ce jour-là, ils peuvent avoir un traumatisme non résolu lié à leur propre enfance sur ce qui se passe lorsqu'un enfant est contrarié. Souvent, les parents ou les personnes qui s'occupent de l'enfant lui disent d'arrêter d'être énervé. Lorsque cela ne fonctionne pas, ils menacent avec une « conséquence », pour motiver les enfants à arrêter d'exprimer leurs sentiments. L'enfant peut s'y conformer à court terme, mais ce qu'il apprend à long terme, c'est qu'il ne doit pas exprimer ses sentiments et que les personnes sur lesquelles il compte ne sont pas disponibles pour l'aider à faire face à des sentiments trop importants ou à des besoins qu'il ne sait pas exprimer par des mots.

Souvent, les enfants n'ont pas les outils nécessaires pour faire face à ce qu'ils vivent ou ressentent. Ils ont besoin d'aide. Si les parents sont capables d'élargir suffisamment leur regard pour voir le sens immédiat du comportement de l'enfant, ils sont plus susceptibles de savoir ce dont l'enfant a réellement besoin à ce moment-là.

Apporter la présence bienveillante dans une salle de classe crée une possibilité exceptionnelle pour les enseignants comme pour les élèves d'en bénéficier. Cet état d'esprit peut être un antidote à l'épuisement, car la pratique nous comble. Lorsque les enseignants pratiquent la présence bienveillante, cela crée une atmosphère qui aide les enfants à apprendre.

Choisir de se concentrer sur quelque chose à apprécier chez les enfants présents en classe permet aux enseignants de ressentir chaleur et respect, et crée un environnement d'apprentissage sain pour les enseignants et les élèves. Lorsque les enfants se sentent appréciés, ils sont plus susceptibles de relâcher leurs défenses et d'éprouver un sentiment d'appartenance et de connexion. C'est essentiel pour obtenir des résultats d'apprentissage positifs.

Dans son best-seller, *Cultiver l'intelligence relationnelle*, Daniel Goleman met l'accent sur l'importance – pour les enfants comme pour les adultes – de l'intelligence émotionnelle ou « d'un apprentissage social et émotionnel » (ASE). De nombreuses écoles américaines enseignent désormais l'ASE à la fois aux enseignants et aux élèves. Extrait du site internet de Goleman : « *Aider les enfants à améliorer leur conscience de soi et leur confiance en soi, à gérer leurs émotions et leurs pulsions perturbatrices et à accroître leur empathie se traduit non seulement par une amélioration du comportement, mais aussi par une réussite scolaire mesurable* ».

La pratique de la pleine conscience est très bonne pour les enfants et peut être une partie importante de leur apprentissage social et émotionnel. La pleine conscience aide les enfants à apprendre à remarquer leurs propres sentiments et à être conscients des sentiments des autres. L'enseignement de la pleine conscience dans une salle de classe ne doit pas nécessairement être compliqué, et peut ne pas prendre beaucoup de temps. La clé est d'apprendre aux enfants à être tranquillement et pleinement conscients d'eux-mêmes, même pour quelques instants – à simplement remarquer quelque chose de leur expérience du moment présent sans qu'il soit nécessaire que ce soit quelque chose de particulier. L'important est de créer une atmosphère d'acceptation et de respect pour que les élèves se sentent en sécurité.

Les enseignants peuvent trouver de nombreuses façons d'aider les enfants à établir des relations entre eux dans le respect et l'appréciation. Les histoires sont un merveilleux moyen d'introduire de tels concepts et de créer et de discuter d'expériences sur la façon de voir les autres et de réagir. Les histoires qui parlent des types de défis où une personne trouve des solutions de remplacement à la colère, au ressentiment ou à la vengeance peuvent être utilisées pour explorer différentes façons de gérer de telles situations.

Donner place à un partage personnel après l'histoire, par un dessin, un mouvement créatif ou une pratique de présence bienveillante comme « *qui voyez-vous?* », peut transformer une simple expérience de narration en une importante leçon sur l'intelligence émotionnelle.

Qui voyez-vous?

Dans cette pratique, l'enseignant demande aux enfants de la classe de fermer les yeux après s'être regardés longuement les uns les autres. La première étape peut permettre de démontrer ce dont nous nous rappelons ou pas en fonction de ce que nous avons remarqué. Posez des questions comme : « Qui porte une chemise bleue? Quelle personne qui porte habituellement des lunettes ne les porte pas en ce moment? » Les enfants tentent de répondre aux questions sans ouvrir les yeux. Ensuite, dites aux enfants que vous allez leur suggérer quelque chose à imaginer, puis ils devront ouvrir les yeux, regarder autour d'eux et remarquer ce qui est différent dans ce qu'ils voient.

Une suggestion simple est de leur faire imaginer qu'une des histoires qu'ils ont lues sera transformée en film et que chaque élève de la classe est en fait un acteur essayant d'obtenir un rôle dans le film. Ou, demandez-leur d'imaginer qu'ils sont les personnages de l'histoire. Si l'histoire parle de certaines qualités (comme le courage), demandez-leur d'imaginer que chacun dans la classe a fait quelque chose de courageux ou d'héroïque.

Laissez les enfants passer au moins une minute à imaginer chaque idée qui leur vient avant d'ouvrir les yeux pour se regarder, puis de les refermer un instant avant de partager ce qu'ils ont vu les uns avec les autres.

C'est une super pratique à tout âge. Elle nous montre comment nous filtrons certaines choses et voyons surtout ce que nous nous attendons à voir chez l'autre. Lorsque les gens se connaissent depuis longtemps, ils ont tendance à limiter leur vision à ce qui est prévisible et connu. Les méditants zen pratiquent « voir avec l'esprit du débutant » afin d'élargir leur conscience et être plus en contact avec les miracles et la magie de la vie.

Exercices « cligner des yeux »

Les exercices « cligner des yeux » sont aussi amusants pour les enfants que pour les adultes. Les jeunes enfants ont encore accès à une grande partie de la sensibilité et de l'intuition qui risque d'être perdue plus tard lorsque les aspects plus logiques et rationnels de l'esprit seront mis en valeur.

Une version de la pratique « cligner des yeux » qui aide les enfants à garder certaines de leurs manières de voir magiques et merveilleuses, consiste à les faire se tenir debout en deux rangs face à face. Les enfants d'un même rang ferment les yeux. Leurs partenaires changent ensuite de place et se mettent devant une autre personne qui a les yeux fermés.

Au début, les petits enfants vont guigner. Ce n'est pas grave. Ils apprendront qu'il peut être amusant de garder les yeux fermés et qu'il n'y a pas de « faire faux » ici. Vous ne leur demandez pas de deviner qui est devant eux maintenant, même si c'est possible. Vous pourriez, par exemple, les inviter à imaginer une couleur pour la personne qui se trouve devant eux, puis à ouvrir les yeux seulement une seconde ou deux (un clignement des yeux) et remarquer la couleur qu'ils voient.

Certains verront la couleur de la chemise de leur partenaire. D'autres verront une couleur plus symbolique, décrivant peut-être l'état émotionnel de l'autre enfant. Il n'y a pas de mauvaise réponse. Puis ils se déplacent et le font avec quelques autres. Après quelques tours, ceux et celles qui clignaient deviennent ceux et celles qui sont regardés.

Une autre version consiste à laisser ceux et celles qui clignent des yeux se faire une idée de l'autre enfant en tant que personnage d'une histoire qu'ils viennent d'entendre ou de lire. Ou ils inventent une histoire sur l'impression qu'ils ont eue – peut-être en lien avec un personnage mythique ou avec le personnage principal d'un livre familier, à un certain moment de l'histoire.

Il est important d'apprendre aux enfants comme aux adultes que nos impressions en disent généralement plus sur nous que sur l'autre personne. C'est à l'autre personne de dire si notre impression a quelque chose à voir avec elle ou pas. Même les jeunes enfants peuvent apprendre ce qu'est une projection de cette façon.

Il existe de nombreuses variantes de la pratique de cligner des yeux. L'une d'entre elles consiste à suggérer à ceux/celles qui clignent des yeux que, lorsqu'ils les ouvrent, ils imaginent cette personne devant leur porte. « Qui est cette personne? Que fait-elle là? » Ou bien ils ouvrent les yeux seulement une seconde et ils imaginent que l'autre est dans la cour de l'école (...) « Qu'est-ce qu'il fait? Qu'est ce qu'il ressent? » (C'est un excellent moyen d'aborder l'empathie dans l'enseignement.).

Si vous avez raconté ou lu une histoire qui parle de cadeau (par exemple *Le cadeau des Rois Mages*), vous pouvez utiliser une variante de l'exercice *« marcher vers »* avec vos élèves.

Marcher vers

Dans cette pratique, effectuée par groupes de trois, une personne (A) se tient à quelques mètres des deux autres (B) et (C). B ferme les yeux. (C) sera l'observateur ou le témoin.

(B) prend un moment pour observer simplement tout ce qu'elle perçoit et ressent. Et elle le dit à (C), son témoin. Puis elle ouvre les yeux et regarde (A). C'est le signal qui indique à (A) qu'il peut commencer à marcher très lentement vers (B). Quelque chose va changer dans l'expérience de (B) qui peut fermer les yeux pour y prêter attention. Cela signifie à (A) d'arrêter son mouvement.

Lorsque (B) est prête à continuer, elle ouvre à nouveau les yeux et (A) recommence alors à marcher vers elle très lentement. Maintenant, (C) se penche vers (B) et murmure « Quel est le cadeau? ». (B) ferme à nouveau les yeux et (A) s'arrête de marcher. Cette fois, lorsque (B) rouvre les yeux, elle imagine ou cherche à voir le cadeau que lui apporte (A).

Pour les jeunes enfants, cela peut être n'importe quel cadeau imaginaire. Pour les enfants plus âgés ou les adultes, cela peut faire référence à quelque chose au sujet de la personne (A) qui peut être apprécié comme un cadeau (...) son honnêteté, par exemple, ou son amitié, sa douceur, son sens de l'humour, etc.

Cette pratique peut être l'occasion d'apprendre aux enfants que tout ce qui nous entoure a une autre facette : l'apparente réserve d'une personne par exemple, peut être perçue comme de la force ou de l'indépendance; ou l'imprévisibilité de quelqu'un peut aussi être appréciée comme de la spontanéité.

Si les enseignants eux-mêmes, individuellement ou professionnellement, veulent développer cette manière d'écouter et de témoigner, ils peuvent utiliser des pratiques telles que *« l'expérience sans repères »* et *« cherchez l'inspiration et ce qui est nourrissant »*.

Savoir se rappeler qu'on peut être nourri, et même inspiré, par quiconque, à tout moment, est une capacité inestimable pour un enseignant. Cela lui permet de rester énergique et d'éviter l'épuisement, tout en pratiquant et en devenant un modèle de présence bienveillante dans la classe.

Avec des amis

*« L'amour est l'unique force qui peut transformer
un ennemi en ami. »*

~ *Martin Luther King*

Dès la petite enfance, nous sommes soucieux d'être acceptés, reconnus, appréciés. Nous avons besoin que quelqu'un prenne soin de nous pendant nos premières années, et cela bien plus longtemps que la plupart des autres espèces. Puisque notre vie dépend de l'autre, il est essentiel qu'il veuille prendre soin de nous. Nous avons besoin d'être aimés – notre survie en dépend. Le développement de notre indépendance (ainsi que d'une saine interdépendance) est une évolution progressive et naturelle qui nous fait passer d'une situation où les autres prennent soin de nous à une situation où nous prenons soin de nous-mêmes et des autres. En cours de route, nous sommes confrontés au paradoxe apparent de la relation et de la liberté, d'être aimé sans être dépendant, de la séparation et de l'appartenance, du besoin d'intimité et du besoin de connexion. Trouver un équilibre d'interdépendance sain peut prendre toute une vie.

Que nous nous fassions facilement des amis ou pas, avoir des amis est important pour nous tous. Nous, les humains, sommes, à un degré plus ou moins élevé, des créatures sociales. Nous pouvons nous faire des amis là où nous travaillons, ou les trouver dans certains groupes sociaux. Pour beaucoup de gens, les amitiés deviennent la famille choisie. Et, tout comme les relations familiales, les amitiés peuvent être des relations par lesquelles nous évoluons, personnellement et mutuellement, ou des relations remplies d'incompréhensions, de réactions, de perceptions négatives ou insultantes. Nos amitiés peuvent être renforcées par la pratique de la présence bienveillante.

La pratique « *la présence bienveillante* » nous demande de choisir, encore et encore, de centrer notre attention sur ce que nous apprécions, aimons et admirons chez nos amis. Bien sûr, il peut encore y avoir des choses que nous n'aimons pas et dont nous devons parler de façon respectueuse, mais sans la présence bienveillante, il n'y a guère de terrain pour une communication satisfaisante.

Retrouver un véritable sentiment d'appartenance est la clé pour plus de santé et de guérison, pour se souvenir de notre intégrité. Faire partie d'un tout plus grand, nous permet de redécouvrir la vérité de notre propre globalité. En aimant les autres et en laissant les autres nous aimer, nous tissons ensemble un réseau de relations humaines et des communautés pacifiques. Toutes les pratiques décrites dans ce livre, ou certaines d'entre elles, peuvent être utilisées pour approfondir les amitiés que vous avez nouées.

Peut-être qu'avec un ou plusieurs amis, vous souhaitez créer un groupe de pratique de la présence bienveillante et vous réunir régulièrement pour passer une heure ou plus à faire une ou deux pratiques ensemble avant de faire quoi que ce soit d'autre. Décidez à tour de rôle des pratiques à utiliser, en commençant par la simple prise de conscience, et n'oubliez pas de passer une partie du temps à observer et à partager sur la façon dont cela change votre amitié.

En famille

« Le lien qui unit votre véritable famille n'est pas un lien de sang, mais de respect et de joie dans la vie de chacun. »

~ Richard Bach

Si vous souhaitez améliorer vos relations avec les membres de votre famille en général, et avec vos parents âgés en particulier, la pratique de la présence bienveillante est un excellent point de départ. Vous vous rendrez peut-être compte que vos proches, en particulier vos parents, peuvent être les personnes avec lesquelles il sera le plus difficile ou le plus compliqué d'être en contact de cette façon bienveillante et sans jugement. Pratiquer la présence bienveillante avec de parfaits inconnus peut souvent être plus facile qu'avec la famille! D'un autre côté, quelle que soit la quantité de présence bienveillante que vous pouvez pratiquer et expérimenter avec votre famille, elle sera transformatrice.

À mesure que les parents et les membres plus âgés de la famille vieillissent, le fait que le besoin de soins s'inverse peut être déroutant et bouleversant pour tout le monde. Les parents peuvent commencer à perdre leur capacité de vivre sainement (s'ils en ont été capables un jour), et il peut être très difficile de trouver un bon moyen de les aider sans perdre de vue nos propres besoins. Les problèmes non résolus ou certains schémas de comportement peuvent devenir plus difficiles à mesure que la famille se réunit sous pression (ou ne se réunit pas). La pratique de la présence bienveillante peut vous recentrer suffisamment longtemps pour vous permettre de voir vos parents avec un nouveau regard et de répondre plutôt que de réagir.

Pour modifier vos relations avec un parent ou d'autres membres de la famille proche, utilisez la pratique de présence bienveillante, en faisant le choix de vous centrer sur ce que vous pouvez apprécier à leur sujet; plutôt que de les voir tels que vous vous attendez à les voir, voyez- les tels qu'ils sont à chaque instant.

La présence bienveillante nous fournit une autre façon d'entrer en relation. Comme toute nouvelle habitude, elle peut être difficile au début, mais si nous choisissons de voir au-delà de l'image de surface que nous avons de quelqu'un pour percevoir, peut-être pour la première fois, l'esprit et l'essence de qui il est vraiment, la réponse naturelle qui va émerger, presque sans effort, et non parce que nous essayons d'être généreux, est une nouvelle appréciation et une nouvelle compréhension.

Par exemple, pratiquez « *chercher l'inspiration et ce qui est nourrssanit* » chaque fois que vous êtes avec vos parents ou d'autres membres de la famille. Avec certains membres de la famille, cela viendra plus naturellement, et avec d'autres, ce sera vraiment un défi. Mais c'est un défi qui mérite d'être relevé et les récompenses seront ressenties par tous.

> « *Une personne qui perçoit les voies du cœur*
> *a plus de chances de bien vivre.* »
>
> ~ « *A General Theory of Love* »

Avec les personnes malades ou en fin de vie

Lorsque nous avons le privilège de connaître quelqu'un qui est très malade ou mourant, c'est l'occasion de dépasser nos propres buts, problèmes et sentiments pour simplement rencontrer l'autre personne là où elle se trouve. Il suffit d'être présent. Bien sûr, cela peut être effrayant, douloureux et frustrant lorsqu'il n'y a pas ou peu de choses qui peuvent être faites pour aider. Le véritable cadeau que nous pouvons offrir à une personne très malade ou mourante est notre temps, et la volonté d'être présent avec elle. Trouver quelque chose d'inspirant ou de touchant dans la lutte d'une personne contre la maladie ou la mort peut servir d'antidote à la peur que nous pouvons ressentir face à notre impuissance. Cela peut sembler contre-intuitif, mais chercher à voir la beauté qui est en chacun, quelle que soit la maladie, nous permet d'être radicalement présents.

Le fait qu'une personne, en particulier une personne qui vous est chère, soit malade ou en détresse, ou encore bouleversée sur le plan émotionnel, peut déclencher de fortes réactions. Restez calme si c'est possible; et si c'est trop difficile, soyez gentil avec vous-même. En plus de rester calme, il est important de garder votre attention centrée sur le moment présent. Il se peut que votre esprit soit occupé par d'autres choses, comme votre inquiétude ou le souvenir de vos propres expériences douloureuses. Essayez plutôt d'être simplement avec la personne qui a besoin de réconfort et faites-lui savoir que vous êtes là avec elle. Ces moments difficiles sont une occasion précieuse de vivre un autre type de relation, une expérience d'amour particulière.

Le concept bouddhiste du « bodhisattva » est une personne qui consacre sa vie au service. Nous ne nous considérons pas tous de cette façon, mais nous nous soucions tous profondément du bien-être de ceux que nous aimons, et la plupart d'entre nous envisagent et souhaitent un changement positif pour le monde.

Dans ses enseignements, Pema Chödrön, bouddhiste américaine, dit que les bodhisattvas sont *« ces guerriers spirituels qui aspirent à soulager la souffrance, la leur et celle des autres »*. Sur cette voie, elle recommande que nous *« apprenions à utiliser la douleur ou la peur que nous éprouvons pour ouvrir notre cœur à la détresse des autres »*.

Ce désir intense d'aider à réduire la souffrance est appelé bodhitchitta, ou cœur éveillé. C'est, dit-elle *« L'aspiration sincère à se libérer de la douleur, de l'ignorance et de nos schémas d'habitudes afin d'aider les autres à en faire de même. C'est cette aspiration à alléger la souffrance d'autrui qui est essentielle. »*. Et, dit-elle encore, *« Il n'y a pas de temps à perdre. »*.

Apprendre à faire face à la réalité de la maladie, de la mort et de la souffrance exige une sorte de force et de courage, une ouverture d'esprit et une volonté qui peuvent grandir en nous grâce à la pratique de la présence bienveillante et nous permettre de faire face à ce que les bouddhistes appellent « le cœur de la tourmente ».

Avec des patients ou des clients

(pour les médecins, infirmières, prestataires de soins en santé mentale, aidants, etc.)

Dans la relation médecin/patient idéale,
qui guérit, ce qui a guéri et
comment la guérison se produit
dépassent souvent l'entendement.

~ Paul Brenner, MD

Les médecins, les infirmières et les autres professionnels de la santé courent un risque élevé d'épuisement professionnel. Il est parfois très difficile, pour de nombreuses raisons, de savoir comment se comporter au chevet des patients. Trouver l'équilibre entre le maintien d'une distance professionnelle appropriée et prodiguer une présence calme et attentionnée, avec compassion est un défi.

En mai 2018, dans un article intitulé : *« Pourquoi l'intelligence artificielle ne remplacera jamais un bon médecin »,* le Dr David Rakel, auteur de *The Compassionate Connection : The Healing Power of Empathy and Mindful Listening*, professeur et directeur du département de médecine familiale et communautaire à l'université du Nouveau-Mexique, rapporte :

« Dans mes recherches, j'ai découvert que nous avons l'étonnante capacité d'aider les autres d'une façon qui les incite à laisser la guérison se faire de l'intérieur. Mes collègues et moi avons étudié le lien de compassion dans les cliniques en soins de santé

primaire de l'université du Wisconsin. Nous avons appris aux médecins à interagir avec les patients en utilisant des techniques d'écoute profonde et d'empathie. Nous avons constaté que les patients qui évaluaient leurs médecins comme étant très empathiques, se remettaient de leur rhume un jour plus vite avec des symptômes plus légers que ceux qui ne les évaluaient pas comme étant empathiques. Il ne s'agissait pas d'une simple thérapie de bien-être; les patients qui ressentaient une connexion produisaient des niveaux accrus de cellules immunitaires combattant la maladie. »

C'est le pouvoir ultime d'une pratique de la présence bienveillante. Il y a des médecins, des infirmières et d'autres praticiens qui pratiquent la présence bienveillante de façon naturelle et qui reconnaissent déjà qu'ils sont plus efficaces lorsqu'ils sont dans cet état d'esprit lors de leurs rencontres avec les patients. Ce que l'on ne réalise pas toujours, c'est qu'un état d'esprit de présence bienveillante bénéficie non seulement au patient, mais aussi au praticien. Il offre un antidote à la frustration, à l'accablement, à l'épuisement et au sentiment d'impuissance qui peuvent accompagner ce genre de travail.

Alors comment les professionnels de la santé peuvent-ils pratiquer la présence bienveillante au travail? La première étape consiste à s'occuper suffisamment de soi pour maintenir une qualité de vitalité détendue, ce qui peut être très difficile pour les personnes exerçant une profession de soins. Se concentrer sur ses propres soins peut être difficile et peut même paraître égoïste pour ceux qui travaillent chaque jour à prendre soin des autres. Néanmoins, c'est très important, et c'est un cadeau pour les patients ou les clients. Il en va de même pour l'apprentissage de méthodes simples permettant de faire savoir aux patients que vous les voyez vraiment, d'humain à humain.

Tout d'abord, plutôt que d'essayer de rassurer un patient en écartant ou en minimisant ses préoccupations, la meilleure façon de rassurer quelqu'un est de reconnaître ses préoccupations d'une façon que le patient puisse entendre : « Je comprends vraiment que cela vous inquiète. Cela doit être tellement effrayant (ici, ajoutez le mot "et" plutôt que le mot "mais") – et nous allons tout vérifier pour nous assurer que nous traitons cela de la façon la plus efficace possible. » Cela permet aux patients/clients de se sentir reconnus et de savoir que vous compatissez, que vous comprenez leurs préoccupations. Cela signifie aussi que vous devez faire face à vos propres peurs et limites.

Deuxièmement, votre intention de vous centrer, avec compassion et empathie, sur les forces et la beauté innées de chaque personne qui vient pour des soins, ne les aide pas seulement, mais vous nourrit également en tant que soignant. Cela contribue à réduire le risque d'épuisement et à maintenir votre énergie d'aidant. Pratiquer la pleine conscience en silence ne serait-ce que cinq minutes entre chaque patient, et *chercher l'inspiration* avec chaque patient pour le voir dans sa globalité, change votre état d'esprit et transforme la relation.

Bien sûr, il y a parfois vraiment des choses à faire. Et pourtant, la présence bienveillante, bien que silencieuse et souvent patiemment inactive, offre le meilleur contexte pour une interaction humaine saine, et pour qu'un changement émotionnel positif et une guérison se produisent. La qualité de votre attention peut avoir un impact bien plus important sur les autres que tout ce que vous *faites* réellement.

Dans un groupe

Certains d'entre nous font partie d'un groupe d'un type ou d'un autre. Il peut s'agir de groupes de soutien pour des personnes en voie de guérison, pour des personnes atteintes de maladies mentales ou de toxicomanie, pour des proches aidants, ou encore pour de la thérapie. Il peut s'agir d'un groupe axé sur une activité créative comme l'écriture ou l'artisanat, d'un groupe de lecture ou d'un groupe militant, éducatif, spirituel ou de toute autre situation dans laquelle les gens se réunissent régulièrement (en présence ou virtuellement) pour interagir et parler ouvertement de leurs préoccupations.

Les groupes « douze étapes » apportent un soutien à des millions de personnes en voie de guérison pour des problèmes de toxicomanie. Il existe d'innombrables groupes d'écriture, dont beaucoup sont inspirés par le livre de Natalie Goldberg, *Writing Down the Bones*, qui introduit la pleine conscience à la pratique de l'écriture. Il existe des groupes de lecture, de tricot, de patchwork et des groupes de psychothérapie. À première vue, certains de ces groupes ne semblent pas être des lieux propices à l'introduction de la présence bienveillante, pourtant chaque fois que des personnes se réunissent dans un but commun, elles ont l'occasion d'être en lien avec compassion et sincérité sur leurs vrais problèmes de vie. Le sociologue de Princeton Robert Wuthnow a étudié l'efficacité des petits groupes, en particulier pour guérir les relations. Dans un article paru dans *Spirituality and Health* (été 2001), il écrit que 35 % des adultes américains sont impliqués dans une sorte de petit groupe, et que 64 % d'entre eux assistent à des réunions de groupe chaque semaine. Il déclare : « L'un des aspects les plus utiles dans le processus de groupe est de pouvoir acquérir une nouvelle perspective sur ses propres expériences en les regardant à travers le regard des autres ».

Quel que soit le type de groupe, ce n'est que lorsque nous nous sentons accueillis et acceptés que nous sommes suffisamment en sécurité pour demander de l'aide. Dans l'idéal, les groupes de soutien offrent une réflexion et une compréhension qui nourrissent l'esprit et nous encouragent à faire de nouveaux choix, plus créatifs, en lieu et place d'anciens comportements autodestructeurs. Dans une communauté de personnes attentionnées qui savent voir à travers nos défenses et reconnaissent la vulnérabilité et la beauté en chacun de nous, il est possible de prendre le risque de se montrer tels que nous sommes.

Présenter la pratique de la présence bienveillante et y passer ne serait-ce qu'un peu de temps au début de tout rassemblement transformera comme par magie l'expérience de groupe pour chacun.

Dans un des articles du livre de Roberta Conlan, *States of Mind*, Esther Sternberg écrit : « *Tout comme les études qui démontrent que le stress a tendance à nuire à la réponse immunitaire de l'organisme, nous rendant plus vulnérables aux infections et aux maladies, les recherches montrent également qu'un environnement social favorable ou une thérapie de groupe, peut renforcer la réponse immunitaire en réduisant les niveaux d'hormones du stress, et ainsi augmenter la résistance à des maladies graves comme le cancer.* »

Jean Shinoda Bolen, dans son livre *Le millionième cercle : la pratique des cercles de compassion*, suggère que les groupes, et les groupes de femmes en particulier, peuvent avoir un *effet d'entraînement* – comme dans le phénomène appelé « du centième singe ». L'idée est que lorsqu'il y aura suffisamment de groupes fonctionnant de cette façon, ils changeront le monde. *« Alors que nous commençons à changer nos relations personnelles (...) c'est comme jeter des cailloux dans un étang; chacun d'eux a un impact et un effet, avec des anneaux concentriques de changement qui se répercutent et affectent les autres relations ».*

Il est certain qu'un groupe de soutien sain change la vie des personnes qui en font partie, non seulement au sein même de la communauté, mais aussi dans leur relation hors du groupe. Nous l'avons constaté à maintes reprises dans les groupes de personnes qui se réunissent pour pratiquer la présence bienveillante, ne serait-ce que quelques jours. Souvent le groupe devient un lieu de guérison aussi bien que d'apprentissage. À tout le moins, les gens développent une capacité accrue à être présents qu'ils ramènent dans leur famille, leur relation et dans les communautés où ils vivent et travaillent. Les effets se répercutent et se poursuivent longtemps après la fin de l'expérience de groupe.

Il est certain qu'en maintenant une meilleure communication, nous travaillons non seulement pour des interactions pacifiques – dans les familles et les communautés, mais aussi au niveau mondial. Tout ce que nous pouvons faire pour améliorer la façon dont nous nous traitons et dont nous traitons les autres contribue à faire du monde un endroit où il fait bon vivre. La pratique de la présence bienveillante en groupe mène à la pratique *« l'art de la paix »*.

L'art de la paix

« Si nous sommes en paix (...) tous les membres de notre famille, toute notre société, bénéficieront de notre paix. »

~ Thich Nhat Hanh

Il a souvent été dit que la paix dans le monde commence par la paix intérieure. En vérité, l'art de la paix implique un état d'esprit et un ensemble de comportements qui nous affectent intérieurement, que nous exprimons extérieurement, et vice versa. L'intérieur et l'extérieur deviennent un seul et même tout.

La présence bienveillante, et le rétablissement de la paix qui résulte de cette pratique, est basée sur une intention consciente d'agir avec authenticité et gentillesse, de créer l'harmonie au lieu du conflit, d'être plus en réponse qu'en réaction, de contribuer à des relations pacifiques – chez soi et dans le monde. La meilleure façon de mettre en place une pratique soutenant le rétablissement de la paix est de commencer là où nous sommes. Tout comme la pratique de la présence bienveillante, il faut commencer par prendre conscience de nos habitudes et de nos attitudes, en particulier de nos façons d'entrer en relation avec les autres. La plupart d'entre nous avons déjà un peu de conscience de soi et une certaine capacité d'autoréflexion.

Il faut de la pratique, et c'est une ***pratique***, que d'être attentif à soi de cette manière, d'observer comment différentes personnes nous affectent, d'être conscient de comment nous pensons à la vie, d'être conscient de nos impulsions et de nos réactions. Plus nous pourrons pratiquer cela, moins nous serons réactifs, moins nous serons « en mode automatique ». Ce n'est qu'en connaissant nos a priori sous-jacents que nous commençons à voir les choses clairement, sans le vieux filtre des idées préconçues et des attentes habituelles.

Notre capacité à faire une pause, à réfléchir, à envisager toutes les possibilités nous permet de regarder au-delà de la surface des choses; elle nous donne la possibilité de nous arrêter et de remettre en question nos réactions. En matière de relations humaines, les vieilles habitudes de perception, de réflexion et de réaction sont les plus grands obstacles aux relations pacifiques.

Il y a des étapes à suivre pour amener plus de conscience sur la façon dont nous percevons la vie, donnons un sens aux choses, réagissons et établissons des relations avec les autres. Toutes ces étapes peuvent être franchies en quelques secondes avec de la pratique : d'abord en remarquant nos pensées et impulsions automatiques, puis en faisant une pause et en ouvrant un espace pour regarder plus profondément, peut-être pour voir les choses différemment. Au début, il se peut que nous devions faire cela dans notre imagination, après coup, avec du recul, en imaginant des possibilités de réponse qui ne sont pas encore devenues spontanées. Cette pratique en vaut la peine. Elle nous rend finalement moins réactifs, plus créatifs dans notre façon de répondre aux autres dans les diverses situations de la vie.

Lorsque nous pouvons faire une pause et observer notre impulsion à réagir (et faire le choix de répondre à la place), il émerge une nouvelle possibilité dans nos interactions. Celle de chercher ou de voir ce qui en l'autre nous fait miroir. Nous voulons commencer à voir comment nous sommes semblables aux autres, et eux à nous. L'une des clés pour avoir des relations plus paisibles avec les autres est de chercher et de trouver ce que nous avons en commun – plutôt que de se concentrer uniquement sur les différences. Dans son livre, *Cultiver l'intelligence relationnelle*, Daniel Goleman souligne que la plupart des problèmes et des conflits dans le monde découlent de la pensée « ***nous et eux*** ». Nous sommes beaucoup plus susceptibles de rejeter ceux qui nous semblent différents et de nous engager dans un conflit avec ***eux***, indépendamment de qui ***ils*** sont! Commencer à changer les préjugés et les parti pris qui engendrent des conflits inutiles, et même la guerre, signifie être prêt à se mettre en rapport avec les autres – avec « eux » – jusqu'à ce que nous comprenions que nous sommes tous pareils. Différents projets ont montré que lorsque des personnes appartenant à des groupes différents ont la possibilité de se connaître et d'établir des relations d'une façon amicale, cela transforme leurs anciennes attitudes et leurs préjugés.

Lorsque nous pouvons transcender le concept de « nous » et « eux », nous faisons un grand pas vers le rétablissement de la paix dans le monde. Il est essentiel de reconnaître nos propres préjugés. L'étape suivante consiste à nous laisser inspirer (...) à chercher l'inspiration chez l'autre. Nous voulons chercher ce que nous pouvons apprécier chez les autres, pas nécessairement pour les aimer, mais au moins pour les respecter ou les admirer. Il existe quelque chose à apprécier en chacun de nous.

Lorsque nous permettons aux autres de faire naître en nous des sentiments d'appréciation ou d'inspiration, nous devons ensuite laisser cette appréciation nous nourrir. Toute réponse qui provient de cet état d'esprit est susceptible de conduire à des relations plus pacifiques. Toute réponse qui survient après une pause – une pause pour s'étudier, pour ressentir de l'appréciation et pour permettre des choix différents sur la façon de répondre – ne sera plus la seule répétition d'anciennes réactions. Pratiquer ce regard sur soi et ces nouvelles façons de voir les autres nous sort de nos automatismes. Un monde de possibilités créatives s'ouvre alors pour nous et pour ceux avec qui nous sommes en relation.

115

La pratique du rétablissement de la paix, comme celle de la présence bienveillante, commence d'abord par une attention à soi et par prendre l'habitude de s'étudier. Les étapes de base sont claires :

- Prenez un moment de *réflexion* : remarquez ce qui se passe pour vous intérieurement. Laissez tomber les questions ou les interprétations. Écoutez sans décider. Laissez tomber les idées préconçues, les suppositions et les préjugés.

- Pause : prenez un moment pour observer ce qui se passe dans le moment présent. Respirez, *ouvrez un espace* pour réfléchir à vos pulsions.

- Expérimentez une autre façon de voir : *changez de regard.* Faites place à une nouvelle ou différente manière de percevoir.

- *Appréciez quelque chose* chez l'autre personne : Qu'appréciez- vous chez la ou les personnes avec qui vous êtes? Qu'est-ce qui vous inspire à leur sujet? Soyez curieux de ce que vous avez en commun. Cela invite à la présence bienveillante.

- *Répondez avec empathie* plutôt que de réagir automatiquement et par habitude : remarquez d'abord ce qui *surgit* et ensuite *ce que la situation demande.* C'est la différence entre une réaction et une réponse.

- *Soyez créatif* quant aux autres possibilités; prenez le risque de faire autrement. Prenez en considération les nombreuses possibilités de réponse (y compris l'absence de réponse). Laissez les pensées, les images, l'intuition, les souvenirs vous montrer la voie.

La pratique de ces compétences dans un cadre de groupe permet d'avoir des relations de plus en plus paisibles avec les autres. Cela permet d'observer nos réactions automatiques à différents types de déclencheurs. En utilisant cette pratique de la présence bienveillante, nous pouvons nous entraider dans l'exploration de soi et de la guérison. Ce travail est une invitation à des relations bienveillantes et à l'établissement de la paix.

Un groupe peut se développer en une sorte de sangha, une communauté dans laquelle les gens se sentent plus en sécurité, soutenus, compris, accueillis, en appartenance, appréciés et aimés – une communauté dans laquelle il est possible de partager ses découvertes avec d'autres, et de le faire de façon à contribuer à des expériences basées sur la gentillesse, l'authenticité et la paix. Cela implique de développer notre capacité à remarquer nos propres réactions et celles des autres, et d'apprendre à y répondre de façon à inviter des niveaux de plus en plus élevés d'honnêteté, de participation et de compassion pour nous-mêmes et pour les autres membres de la communauté.

L'ensemble du processus peut être exploré de façon expérientielle, en mettant l'accent sur la prise de conscience croissante de soi dans cette compréhension des autres qui ouvre le cœur de la compassion et la porte à des relations pacifiques dans le cadre du groupe. Nous pouvons apprendre à établir des relations avec les autres d'une façon qui favorise la sécurité, où que nous soyons et, quel que soit le groupe dans lequel nous nous trouvons, y compris la vaste communauté humaine.

En nous connectant plus profondément à nous-mêmes et aux autres, nous pourrons peut-être réaliser notre vision d'un monde pacifique et durable. Pour rester conscient, il nous faut développer notre capacité à l'étude de soi et à être témoin; c'est une contribution que nous apportons à nos relations et à nous-mêmes et par ce fait même, à la société et au monde. Nous apprenons à calmer notre mental et à ouvrir notre cœur pour plus de compassion consciente envers nous-mêmes et les autres, afin d'offrir notre calme et notre reconnaissance aux autres et à la vie.

Présence bienveillante avec soi

« Soyez ce que vous êtes :
l'intelligence et l'amour en action. »

~ *Nisargadatta Maharaj*

Il est parfois dit que l'on ne peut pas aimer les autres avant de s'aimer soi-même. Peut-être que c'est le contraire qui est vrai. Vous pourriez trouver que la pratique de la présence bienveillante avec les autres est en fait la meilleure préparation pour apprendre à être plus aimant, gentil et compatissant avec vous-même.

Peut-être y a-t-il une partie de vous qui vous juge et vous critique, une partie qui s'impatiente ou se frustre lorsque vous sentez que vous ne réussissez pas bien ou que vous n'êtes pas aimable. La première prise de conscience de cette tendance pourrait en fait augmenter votre jugement de vous-même : « Et voilà que je recommence à être dur avec moi-même; je suis vraiment mauvais pour m'aimer moi-même! » Reconnaître cette habitude, et l'interrompre pour la remplacer par la recherche de quelque chose d'appréciable, comme vous le faites dans la pratique de la présence bienveillante avec les autres, va changer ce vieux schéma et faire place à quelque chose de nouveau et de positif.

En remarquant comment il est possible de changer ce que vous ressentez envers les autres par votre regard, par la façon dont vous choisissez de les voir, vous pouvez apprendre à interrompre les façons de regarder et de penser qui éveillent votre sens critique, qui perturbent votre paix intérieure, qui interfèrent avec l'appréciation que vous pourriez ressentir pour les autres et pour vous-même. C'est le chemin qui mène à l'ouverture du cœur et à l'établissement de relations plus paisibles y compris avec vous-même.

Lorsque vous pouvez remarquer et interrompre les vieilles habitudes d'autocritique ou de rejet de soi, vous commencez à changer la qualité de vos relations intérieures et extérieures et à vous transformer en une expression plus aimante de qui vous êtes vraiment. Vous découvrirez que vous ***êtes*** une présence bienveillante.

GUIDE DE PRATIQUES

Kathleen Raine, poétesse écossaise dit :

« À moins de voir une chose à la lumière de l'amour,
vous ne la voyez pas du tout.
L'amour est la lumière qui nous permet de voir la lumière.
L'amour est la lumière qui permet de voir chaque chose dans
sa genèse, sa nature et son destin véritable.
Si nous pouvions regarder le monde avec amour,
il se présenterait à nous
regorgeant d'invitations, de possibilités et de profondeur. »
~ cité par John O'Donohue dans Anam Cara

À propos des pratiques

De nombreuses pratiques proposées ici vous invitent à avoir une certaine intention. N'oubliez pas qu'elles sont, avant tout, des occasions d'introspection. Comme le disait Moshe Feldenkrais, *« Vous ne pouvez pas faire ce que vous voulez tant que vous ne savez pas ce que vous faites déjà ».*

Vous pouvez donc avoir l'intention, par exemple, d'être aimant avec quelqu'un, mais qu'est-ce qui vous en empêche? Quelles sont les habitudes qui interfèrent avec cet état d'amour naturel? Vous pourriez vouloir apaiser votre esprit, mais quelles sont les habitudes mentales qui créent du bruit dans votre tête? Vous avez peut-être l'intention d'écouter ouvertement et vous entamez une conversation avec cette intention. Mais quelles sont les habitudes d'écoute et les réactions qui se manifestent pour brouiller l'espace et peut-être même fermer votre cœur et votre esprit?

Quelle que soit la pratique intentionnelle que nous vous suggérons, comme dans *« écouter sans décider »*, le véritable objectif est d'observer ce qui prend place malgré cette intention et d'apprendre à se connaître, à connaître son *« automaticité insupportable »* (Bargh et Chartrand, 1999).

Ce n'est que lorsque vos habitudes deviennent conscientes qu'il est possible de les interrompre et de faire d'autres choix. Sinon, vous êtes toujours en train de réagir, plutôt que de répondre – vous êtes poussé par ce qui *réagit* en vous, plutôt que par *ce que nécessite la situation*.

Vous trouverez ci-après les instructions pour les pratiques clés déjà décrites, mais également des pratiques complémentaires qui peuvent aussi être utilisées pour cultiver de nouvelles habitudes dans la conscience de soi, l'être vaste, la sagesse perceptuelle, le voir juste et surtout dans la présence bienveillante.

La pleine conscience

L'essence même de la pleine conscience est d'être pleinement présent à son expérience, quelle qu'elle soit : les pensées, images, souvenirs; la respiration, les sensations corporelles; les sons, les odeurs et les goûts; les humeurs et sentiments; la qualité de l'expérience dans son ensemble aussi bien que dans les différents éléments qui la composent. La pleine conscience est le fondement de toutes les autres pratiques qui conduisent à la présence bienveillante. Elle peut se pratiquer au quotidien, quelques minutes à la fois. C'est une sorte de pratique de méditation et même les petits enfants peuvent l'apprendre.

- Commencez dans une position confortable. Vous voulez être suffisamment confortable pour vous sentir détendu sans vous endormir.

- Avec les yeux ouverts ou fermés, commencez à remarquer certains aspects de votre expérience sensorielle du moment présent, quelle qu'elle soit. Par exemple, écoutez les sons qui vous entourent.

- Prenez conscience de votre propre respiration, mais sans essayer de la changer.

- Continuez à laisser votre attention inclure d'autres sensations physiques. Que remarquez-vous dans votre expérience corporelle?

- Commencez à inclure d'autres aspects de votre expérience tels que les pensées, images, sentiments, impulsions. Il n'y a rien d'autre à faire que d'observer votre expérience d'instant en instant.

Être avec

- À deux, asseyez-vous en silence face à face; posez-vous, fermez les yeux et tournez votre attention vers ce qui se passe en vous. Chacun fait cela à son propre rythme.

- Lorsque vous êtes prêt, ouvrez les yeux et regardez votre partenaire. Ses yeux peuvent être ouverts ou fermés.

- Si vous sentez un changement dans votre expérience, surtout s'il y a un malaise, fermez les yeux et étudiez en silence ce qui se passe en vous.

- Lorsque vous êtes prêt, installez-vous posément à nouveau et ouvrez les yeux.

- Remarquez ce qui se passe.

- Répétez ce cycle autant de fois que vous le souhaitez pendant plusieurs minutes.

- Convenez de vous arrêter après environ 5 à 10 minutes, et parlez avec votre partenaire de ce qui s'est passé pour vous. Racontez-vous mutuellement votre propre expérience.

Se pencher vers ou s'éloigner

Cette pratique permet de découvrir de manière étonnante nos attitudes inconscientes quant à la proximité avec les autres. La première réaction que vous avez révèle une croyance, une interprétation de la signification du mouvement. Qu'est-ce qui vous surprend?

Asseyez-vous à deux, face à face. Choisissez qui sera (A) et qui sera (B).

- (A) débute avec les yeux fermés pendant un moment, puis les ouvre pour regarder (B).

- À ce moment-là, (B) se penche légèrement et très lentement vers (A).

- (A) referme les yeux pour observer ce que ce mouvement subtil évoque en lui.

- Lorsqu'il est prêt, (A) ouvre à nouveau les yeux et (B) se penche alors légèrement en arrière et s'éloigne. (A) referme les yeux pour être avec sa réaction – les sentiments, les pensées, etc. que ce mouvement fait apparaître.

- Inversez les rôles et répétez l'expérience. Ensuite, partagez et discutez de vos expériences.

L'esprit du singe

C'est une pratique de pleine conscience sur la respiration. Elle montre comment l'esprit et les pensées ont tendance à passer d'un sujet à l'autre, comme un singe saute de branche en branche. C'est un autre exemple du genre de pratique où vous avez une intention (compter les respirations), mais ce qui nous intéresse vraiment est ce qui se passe d'autre.

- Vous pouvez le faire à tout moment pendant quelques minutes. Il suffit d'observer et de compter silencieusement chaque expiration.

- Si vous perdez le compte, recommencez à un. Faites-le pendant un moment, et observez quels types de pensées vous éloignent de votre respiration (...) quelles habitudes mentales interrompent votre intention d'être simplement présent à votre respiration?

- Si vous le faites en compagnie d'autres personnes, partagez vos observations et votre expérience avec les autres après quelques minutes.

L'expérience sans repères

Cette pratique a pour but de créer un esprit vaste. C'est comme ce qui se passe parfois quand nous sommes en voyage et qu'au moment du réveil nous ne nous rappelons plus où nous sommes! Et si vous pouviez inviter de tels moments et les prolonger un peu (...) pour ouvrir la porte au mystère et à l'espace du non-savoir (...)?

- En duo, une personne se met en pleine conscience et indique quand elle est prête à répondre à une question.

- Votre partenaire vous pose une question simple et ordinaire telle que « Quel âge as-tu? » Ou encore « Où est-ce que c'est, chez toi? » « Comment t'appelles-tu? » « Qui sont tes parents? »

- Notez en silence la réponse automatique qui apparaît immédiatement, mais attendez ensuite de trouver un espace en vous où vous ne savez pas vraiment ou du moins pas avec certitude. Pouvez-vous être détaché de vos réponses?

- Restez dans cet état de non-savoir pendant un temps pour le ressentir dans votre corps (...)

- Lorsque vous êtes prêt à répondre à une autre question, dites à haute voix « Je ne sais pas ». Votre partenaire pose alors une autre question de ce type. Posez des questions simples.

- Si vous ne pouvez vraiment pas trouver un endroit où vous « ne savez pas » pour une ou plusieurs questions, dites simplement « Je passe ».

- Continuez ainsi jusqu'à ce que vous ayez entendu plusieurs questions et que vous ayez fait l'expérience au moins une fois d'un lieu de non-savoir pour observer ce qui s'y passe (...) Quelle en est votre expérience physique?

- Inversez les rôles et répétez la pratique. Puis discutez-en.

Écouter sans décider

C'est un autre exemple d'une pratique d'étude de soi qui pose une intention comme moyen d'expérimentation. Ici, vous aurez l'occasion d'observer les types de décisions et d'hypothèses qui sont vos habitudes d'écoute, même lorsque vous avez l'intention d'écouter avec un esprit ouvert.

- À deux ou en petit groupe, une personne parle pendant quelques minutes d'une expérience récente.

- La personne qui écoute a pour intention d'écouter simplement, sans rien décider. Le succès de la pratique ne réside pas dans le fait d'écouter sans rien décider, mais bien dans l'observation de ce qui a lieu automatiquement en soi, dans l'identification de nos habitudes d'écoute.

- Laissez à chacun la possibilité d'écouter de cette façon, puis partagez (avouez!) ce que vous avez pu observer de vos habitudes.

Voir et être vu

Pour être réellement et complètement présent à l'autre, il est important d'identifier nos attitudes concernant le fait de voir ou de regarder quelqu'un, et nos sentiments quant à être vu. Asseyez-vous face à un partenaire. Fermez les yeux et commencez par porter votre attention sur votre expérience du moment présent, de façon à pouvoir remarquer plus facilement si votre expérience change.

- Lorsque vous êtes prêt, ouvrez les yeux et regardez-vous. Demandez à une troisième personne de vous dire lentement quelques phrases sur le fait de voir et d'être vu, par exemple : « Il n'y a pas de danger à être vu »; « C'est normal de voir vraiment quelqu'un. »

- Vous voudrez peut-être fermer les yeux après chaque énoncé pour pouvoir observer attentivement votre expérience.

- Après avoir entendu les phrases tout en observant ce qui se passe en vous, racontez votre expérience et discutez-en dans votre groupe.

- Y a-t-il une phrase en particulier à laquelle vous avez réagi?

- Avez-vous pu découvrir des habitudes ou de vieux schémas qui régissent votre façon de voir et d'être vu?

Cligner des yeux

Il existe de nombreuses variantes de cet exercice. C'est une façon de voir qui permet d'outrepasser l'esprit rationnel. Cligner des yeux alors que l'on regarde quelqu'un permet une autre perception et donne peut-être la possibilité de voir ou d'imaginer quelque chose de plus subtil, de moins évident, à propos de la personne. Rappelez-vous néanmoins que toute observation peut en fait révéler plus de soi que de l'autre personne.

Cette pratique peut se faire à deux, assis ou debout ou en petits groupes, une personne à la fois étant observée par les partenaires qui commencent avec les yeux fermés, puis ouvrent et ferment les yeux plusieurs fois pendant une fraction de seconde, afin d'avoir une impression rapide plutôt que de faire un examen attentif.

- Une suggestion pour les personnes qui clignent : lorsque vous ouvrez les yeux, voyez la personne comme quelqu'un qui sonne à votre porte. Quelle impression vous vient? Qui est cette personne et que fait-elle là?

- Ou, autre suggestion : ouvrez les yeux seulement une seconde et voyez la personne comme si elle était debout dans une cour d'école. Quel âge a-t-elle? Que fait-elle? Comment se sent-elle?

Qui voyez-vous?
(Un Soi plus grand)

Cela peut se faire dans le cadre d'un groupe, mais aussi n'importe où. Vous pouvez le faire assis dans un café, dans un bus ou dans un aéroport, partout où il y a des gens que vous pouvez observer en silence (...)

Fermez d'abord les yeux et imaginez que lorsque vous regarderez autour de vous, chaque personne présente est :

- Quelqu'un qui a sauvé la vie de quelqu'un d'autre;

- Quelqu'un qui a écrit un livre;

- Quelqu'un qui vient de sortir de l'hôpital;

- Quelqu'un qui vient d'être nommé pour un prix Nobel;

- Un enfant de cinq ans (...)!

Qu'est-ce qui change dans votre regard à chacune de ces propositions? Quelles qualités deviennent apparentes? Est ce que cela modifie un peu (ou beaucoup) votre expérience physique?

Voir au-delà

Cette pratique se fait à deux ou en petits groupes. Chacun à tour de rôle, sera la personne observée. Rappelez-vous que vos observations parlent parfois plus de vous que de la personne que vous observez. C'est aussi une bonne occasion de faire la différence entre observation et impression.

- Pour commencer, la personne va rester assise ou debout pendant que vous, les partenaires, clignez des yeux – en ouvrant les yeux juste assez longtemps (une fraction de seconde) pour qu'une impression soit enregistrée. Il se peut que cette impression soit surprenante, et prenne la forme d'une qualité ou peut être l'image de quelqu'un d'autre, ou d'une situation différente.

- Ensuite, la personne peut réciter quelque chose comme une simple comptine : ici, vous pouvez vous faire une idée de la personne dans son enfance.

- Puis, la personne se lève, s'éloigne de cinq ou dix pas, prend un objet imaginaire ou réel et revient à sa place. Observateurs, remarquez ce qui se dégage de sa manière de faire.

- Et enfin, la personne va dire quelque chose d'important par deux fois, une fois avec les yeux ouverts, et une fois avec les yeux fermés. Il peut s'agir par exemple de quelque chose d'actuel et de significatif dans sa vie, ou de quelque chose de personnel qui, selon elle, n'est pas évident pour les autres. Souvent une impression différente se crée selon que la personne parle avec les yeux ouverts ou fermés.

- Après toutes ces observations, les partenaires peuvent partager leurs expériences et raconter à la personne ce qu'ils ont imaginé sur la base de leurs observations et de leurs impressions. (Rappelez-vous que lorsque vous voyez un changement dans la respiration de la personne c'est une observation, tandis que lorsque vous imaginez ce qu'elle ressent c'est une impression. Partagez en faisant cette distinction si possible.)

Marcher vers l'autre

Tout comme l'expérience « *se pencher vers l'autre* », cette pratique est un moyen pour mieux comprendre nos interprétations inconscientes des mouvements et des intentions d'autrui. Vos réactions automatiques se déclenchent avant que votre esprit rationnel ne vous dise ce qui se passe. Ces réactions sont souvent plus en lien avec votre passé qu'avec ce qui se passe dans le moment présent.

Comme me l'a dit un jour un maître bouddhiste, au début, les bouddhas et les êtres sensibles sont semblables. Un bouddha est un être éveillé. Nous sommes en mode automatique jusqu'à ce que nous connaissions l'éveil. Nous pouvons rester inconscients et nous en tenir à nos réactions et nos suppositions, ou nous pouvons nous éveiller au moment présent et interrompre nos réactions pour qu'elles ne durent pas si longtemps ou ne deviennent pas aussi intenses. Mais elles continuent à se produire. Encore une fois, c'est l'automaticité presque insupportable de l'être!

« *Marcher vers l'autre* » se pratique à deux, mais il est intéressant de le faire avec différents partenaires. Si vous êtes trois, une personne peut soutenir la pratique en observant.

- Une personne reste simplement immobile tandis qu'un partenaire marche lentement vers elle en démarrant à plusieurs mètres de distance.

- Vous pouvez la ralentir ou l'arrêter d'un simple geste de la main ou en fermant les yeux pour observer votre expérience.

- Continuez jusqu'à ce que le partenaire soit suffisamment proche pour avoir une petite discussion. Bien entendu, le partenaire qui marche vers vous est aussi en train d'avoir une expérience et doit aussi observer ses propres réactions.

- Inversez les rôles quand vous êtes prêt.

Une autre variante de la pratique « *marcher vers l'autre* » consiste à faire la même chose, mais le partenaire qui marche vers et la personne approchée ont tous deux l'intention d'imaginer que l'autre lui apporte un cadeau. Il peut s'agir d'un cadeau réel et tangible ou d'un don de nature plus spirituelle. En quoi cela modifie-t-il l'expérience de la relation?

Amorcer la pompe

Cette pratique est une façon simple pour les participants d'un groupe de partager quelque chose de personnel qui amorce la pompe de la présence bienveillante.

- Réunissez-vous avec une ou plusieurs autres personnes pour vous remémorer et parler de quelqu'un dans votre vie que vous considérez comme une bénédiction (...) peut-être quelqu'un qui a fait une différence dans votre enfance ou quelqu'un que vous aimez ou admirez. Il peut s'agir de quelqu'un que vous connaissez personnellement ou d'une personne dont vous avez lu des articles et qui a été une source d'inspiration. Prenez quelques minutes chacun pour parler de l'importance que cette personne a eue pour vous.

- Lorsque vous écoutez, il n'est pas nécessaire de poser des questions ou de dire quoi que ce soit. Il suffit d'écouter avec toute votre attention et avec votre cœur ouvert pour entendre et ressentir l'impact de l'histoire de cette personne.

- Après ce partage, passez quelques minutes à parler de ce que vous avez ressenti en faisant cette expérience de partage (...) observez et rapportez ce que vous ressentez maintenant, individuellement et ensemble.

Chercher l'inspiration et ce qui est nourrissant

C'est une façon de pratiquer l'écoute et d'être ensemble de manière ouverte et réceptive où tous les participants se sentent nourris.

- À deux ou en petits groupes, une personne à la fois parle de quelque chose qui est significatif pour elle.

- Partenaires, écoutez en silence et laissez-vous simplement inspirer, toucher et nourrir d'une façon ou d'une autre, en profondeur, par cette expérience d'écoute et d'être avec cette personne.

- Une fois que la personne a fini de parler, discutez brièvement de ce que chacun a ressenti. Comment était-ce d'écouter de cette façon (...) d'être écouté comme ça?

- Chaque personne du groupe fait l'expérience de parler et d'écouter ainsi.

Être avec 1-2-3

Tout comme dans la pratique *« être avec »*, cet exercice se fait à deux, assis l'un en face de l'autre, et propose trois expériences différentes par un simple changement de regard.

- Chaque personne alterne entre les yeux fermés et les yeux ouverts, à son propre rythme.

- Passez par trois étapes différentes en regardant votre partenaire et remarquez comment chaque lunette ou lentille peut changer votre expérience vécue dans le corps.

- Commencez par simplement regarder puis remarquez vos réactions automatiques à voir et être vu.

- Ensuite, rappelez-vous que cette personne a probablement connu des difficultés et des pertes dans sa vie. Recherchez des signes de douleur ou de souffrance, présents ou passés. Identifiez ce que vous voyez et ce que vous imaginez, puis observez votre propre expérience à la lumière de ces impressions.

- Enfin, souvenez-vous que cette personne a survécu aux difficultés que la vie lui a présentées. Cherchez intentionnellement des signes de forces ou des qualités qui vous inspirent. Observez votre expérience à la lumière de ces observations et impressions.

- Partagez votre expérience de ces trois regards avec votre partenaire.

Une main dans le dos

Cet exercice est un beau moyen de se connecter et de se soutenir mutuellement pour découvrir nos réactions inconscientes au toucher. Il se fait avec respect et curiosité et avec une profonde délicatesse.

- À deux, une personne prend un temps pour se laisser sentir où une main posée sur son dos ferait du bien.

- Dites à votre partenaire à quel endroit de votre dos vous aimeriez qu'il pose sa main ou ses deux mains. Alors qu'il pose sa main, laissez-vous sentir si cela vous fait du bien ou si un petit ajustement serait mieux. Prenez tout le temps de faire les ajustements nécessaires jusqu'à ce que le toucher soit le plus juste possible. Puis prenez simplement plaisir à cette sensation pendant quelques minutes.

- Votre partenaire va attendre et rester là pour que vous puissiez profiter pleinement de sa main sur votre dos, et observer lorsque votre respiration semble se détendre ou décider intuitivement du moment de passer à l'étape suivante (...)

- Il vous pose alors doucement cette question « Qu'est-ce que cette main semble te dire? »

- Lorsque vous entendez la question, n'essayez pas de trouver une réponse. Notez simplement ce qui se passe dans votre expérience. Il se peut qu'une réponse verbale émerge. Il se peut que vous ayez un souvenir, un sentiment ou que vous remarquiez un changement subtil. Attendez et voyez ce qui se passe spontanément.

- Lorsque vous êtes prêt, tournez-vous vers votre partenaire et parlez-lui de votre expérience. Ensuite, inversez les rôles.

Intimité

À deux, prenez 5-10 minutes pour faire la pratique suivante avant d'avoir une conversation normale. Attendez la fin pour vous raconter votre expérience. Commencez par un dialogue simple, mais respectez les règles suivantes :

- Regardez-vous dans les yeux autant que possible;

- Parlez à tour de rôle uniquement de votre expérience présente, en une ou deux phrases à la fois;

- Évitez de vous interrompre.

La présence bienveillante

Voici la pratique suprême de la présence bienveillante :

- À deux ou en petit groupe, une personne parle de quelque chose de personnel. Rappelez-lui de regarder ses auditeurs, de temps en temps.

- Partenaire/auditeur : identifiez ce qui vous nourrit et vous inspire chez la personne qui parle et non pas dans le contenu de ce qu'elle dit. Écoutez sans intervenir.

- Partenaire/auditeur : observez et réfrénez vos impulsions à faire ou à dire quelque chose. Écoutez en silence.

- Enfin, discutez de votre expérience (et non de ce que la personne partageait). Parlez de la présence bienveillante et de la façon dont elle vous a affecté, dans votre écoute ou alors que vous parliez.

Et enfin,
Avant de parler

- Il y a une personne qui parle de quelque chose d'important, et une ou plusieurs personnes qui l'écoutent.

- Pour les auditeurs, avant toute intervention, attendez que la personne qui parle vous indique que c'est votre tour; puis avant de dire quoi que ce soit, faites d'abord les trois choses suivantes :

  1. Remarquez quelque chose qui vous nourrit ou vous inspire;

  2. Nommez-le intérieurement;

  3. Appréciez-le en silence pendant un moment ou plus.

- Enfin, répondez de manière naturelle, avec aisance.

- Laissez une réponse spontanée naître de votre état d'esprit de présence bienveillante.

- Au bout d'un moment, partagez votre expérience les uns avec les autres.

Je prends refuge

~ *Ron Kurtz*
le 15 septembre, 2001
le jour de son mariage avec Terry Toth

Ron Kurtz et son épouse, Terry Toth

Je prends refuge dans tous les bouddhas dans la Sangha
dans le Dharma
dans mon corps et dans les vôtres
Meher Baba, Swami Rama, ceux que j'ai connus,
ceux que je n'ai jamais rencontrés,
les saints,
les doux, les rieurs, les beaux
qui ont trouvé l'amour,
dans cette maison de douleur.
Je prends refuge en ce jour terrible,

chez les poètes, les musiciens, les danseurs, qui dansent la liberté
du corps et de l'esprit
dans tous les chercheurs
qui ont brisé le gant de fer
de la séparation
tous les amoureux (...) les jeunes, encore surpris,
les vieux qui connaissent la triste douceur de l'amour

Je prends refuge en ce jour merveilleux en mes proches,
épouse, enfant, amis,
étudiants, collègues
dans les saints
tous les inestimables gardiens du sacré,
dans les cœurs qui s'ouvrent, qui s'élèvent
pour réconforter, défendre, protéger.

Je prends refuge dans tout cela,
dans l'ancienne sagesse,
ceux qui l'ont trouvée, l'ont chantée,
les lois, et comment ça fonctionne tout ça.

Non seulement refuge, mais je prends nourriture et Espoir,
pour la paix dans chaque cœur
dans mon corps et dans le tien
pour la paix dans chaque esprit
que la sagesse voie au-delà
de notre douleur, de toute douleur, de la douleur
qui nous laisse aveugles,
craintifs, en colère, abattus

dans un puits profond
fait uniquement de soi et de nos préoccupations personnelles,
brûlants
d'avidité et de désespoir.

De tout cela, je prends refuge (...)
dans la loi, les enseignements,
les bons livres,
les écrits sacrés
des bouddhas, des saints,
des prêcheurs, ivres d'amour,
tous ceux qui ont vu clair
et chanté, la bonne nouvelle, l'évangile, le dharma,
allant
d'esprit en esprit, d'âme en âme,
touchant tant de personnes, touchant
les chercheurs qui se tiennent
debout main dans la main, joyeux, célébrant avec entrain,
alors que le temps passe,
les gens passant,
comme des visages dans un rêve

Je me réfugie en toi,
Douce amie, étrangère
en toi et moi
comme un seul être.

BIBLIOGRAPHIE ET RÉFÉRENCES

Livres disponibles en français

Batchelor, Stephen (2004). *Le bouddhisme libéré des croyances*. Traduction de J. Scetbon-Didi. Paris : Bayard.

Bolen, Jean Shinoda (2016). *Le millionième cercle : la pratique des cercles de compassion*. Traduction de É. Villeroc. Saint-Julien-en-Genevois; Chêne-Bourg, Genève : Jouvence éditions.

Brazier, David (2015). *Un bouddha au cœur sensible*; *une nouvelle vision des quatre nobles vérités*. Traduction de A. Tamuly Jung. Paris : Almora.

Chödrön, Pema (2011) *Il n'y a plus de temps à perdre : la « Voie du bodhisattva » adaptée à notre époque*. Paris : Le Grand livre du mois.

Elliot, T. S. (1963). *Collected Poems* 1909-1962. London : Faber and Faber.

Goleman, Daniel (1999). *L'intelligence émotionnelle : comment transformer ses émotions en intelligence*. Traduction de T. Piélat. Paris : France loisirs.

Goleman, Daniel (2009). *Cultiver l'intelligence relationnelle : comprendre et maîtriser notre relation aux autres pour vivre mieux*. Traduction de C-C. Farny. Paris : R. Laffont.

Hesse, Hermann (1922). *Siddhartha*. Traduction de J. Brenner. Paris : B. Grasset.

Hubble, M.A., Duncan, B.L. and Miller, S.D. (2012). *L'essence du changement : utiliser les facteurs communs aux différentes psychothérapies*. Traduction de J. Deltour. Paris : De Boeck.

Maharaj, Sri Nisargadatta. (1982). *Je suis*. Paris : les Deux océans.

Palmer, Helen (2020). *Le guide de l'ennéagramme : comprendre les autres et soi-même au quotidien*. Malakoff : InterÉditions.

Ramachandran, Vilayanur S., Blakeslee, Sandra (2002) *Le fantôme intérieur*. Paris : O. Jacob.

Sheldrake, Rupert (1995). *Sept expériences qui peuvent changer le monde : petit guide pratique de la science révolutionnaire*. Traduction de T. Piélat. Monaco : Éd. du Rocher.

Thurman, Robert (2013). *Révolution intérieure : vie, liberté, et la recherche du véritable bonheur*. Traduction de A. Leibovici. Paris : le Grand livre du mois.

Weil, Simone (2016). *Attente de Dieu*. Paris : Albin Michel.

White, Kenneth (1980). *Le grand rivage*. Traduction de P. Guyon et M-C. White. Paris : Le Nouveau Commerce.

Livres disponibles en anglais

Bargh and Chartrand, Tanya (1999). *"The Unbearable Automaticity of Being."* American Psychologist: Vol. 54, No. 7, 462-479.

Batchelor, S. (1998). *Buddhism Without Beliefs: A Contemporary Guide to Awakening.* Riverhead.

Betti, Ugo (1956) *Three Plays*, translated by Henry Reed. Grove Press.

Crow, David (2001). *In Search of the Medicine Buddha: A Himalayan Journey.* Jeremy P. Tarcher/Putnam.

Depraz, N., Varela, F.J. and Vermersch, P. (1999). *Investigating Phenomenal Consciousness*, edited by M. Velmans. Benjamin Publishers, Amsterdam.

Foster, Jeff. *"Do not try to open your heart."* Available from:
https://www.facebook.com/LifeWithoutACentre/posts/2 2400530 59425623 - accessed August 29, 2019.

Kurtz, Ron (2018). *The Hakomi Way: Consciousness & Healing.* Stone's Throw Publications.

Lewis, T., Amini, F. and Lannon, R. (2001). *A General Theory of Love.* Vintage Books.

Maharaj, Sri Nisargadatta. *I Am That.* Available at:
https://archive.org/stream/IAmThatBySriNisargadattaMa haraj/I-Am-That, by-Sri-Nisargadatta-Maharaj_djvu.txt - accessed August 30, 2019.

Mahoney, Michael (1991). *Human Change Processes* Basic Books.

Nyanaponika Thera (2001). *The Power of Mindfulness.* (Mindfulness Series 3). Original publication, 1802. Buddha Dharma Education Association Inc. Available at: http://www.buddhanet.net/pdf file/powermindfulness.pdf - Accessed August 30, 2019.

O'Donohue, John (1998). *Anam Cara: A Book of Celtic Wisdom*. Harper Perennial.

Rakel, David (2018). *The Compassionate Connection: The Healing Power of Empathy and Mindful Listening.* W. W. Norton & Company.

Rakel, David and Golant, Susan (2018) *"Bedside manner matters: Why AI will never beat a good doctor."* Available from: https://www.salon.com/2018/05/13/bedside-manner-matters-why- ai-will-never-beat-a-good-doctor/ Accessed August 31, 2019.

Rumi, Jelaluddin. *"Each Note"* from *Say I Am You: Poetry Interspersed with Stories of Rumi and Shams*, translated by John Moyne and Coleman Barks. Maypop: 1994.

Salzberg, Sharon (2008). *Loving-Kindness: The Revolutionary Art of Happiness*. Shambhala.

Siegel, Daniel (2001). *The Developing Mind: How Relationships and the Brain Interact to Shape Who We Are.* The Guilford Press.

Siegel, D. and Hartzell, M. (2013). *Parenting from the Inside Out: How a Deeper Self-Understanding Can Help You Raise Children Who Thrive*. TarcherPerigee.

Sternberg, Esther (1999). *"Emotions and Disease: A Balance of Molecules"* in *States of Mind: New Discoveries About How Our Brains Make Us Who We Are"*, edited by Roberta Colman. Wiley.

Strupp, H. H., & Hadley, S. W. (1979). *"Specific vs nonspecific factors in psychotherapy: A controlled study of outcome."* Archives of General Psychiatry, 36(10), 1125-1136.

Wagamese, Richard (2016). *Embers*. Douglas and McIntyre.

Wilson, Timothy (2002). *Strangers to Ourselves: Discovering the Adaptive Unconscious*. Belknap Press.

Wuthnow, Robert (2001). *"The Power of a Few"* Spirituality and Health (Summer 2001), 47-49. Available from: https://spiritualityhealth.com/articles/ 2001/06/01/the-power-of-a- few-to-help-lighten-your-load. Accessed August 31, 2019

Photo : Richard Cooke III

À propos de Donna Martin

DONNA MARTIN, M.A. est une formatrice internationale de Hakomi qui vit au Canada et enseigne dans le monde entier. Elle a été une des plus proches collaboratrices de Ron Kurtz pendant les vingt dernières années de sa vie.

Donna est professeur de yoga depuis les années 70 et a rencontré Ron Kurtz pour la première fois dans un centre de retraite au Canada appelé Hollyhock où elle enseignait le yoga et où il enseignait le Hakomi. Tous deux avaient été influencés par la méthode Feldenkrais et par le bouddhisme, et ils ont immédiatement reconnu une similitude dans leurs styles. Donna a travaillé en étroite collaboration avec Ron, surtout dans les derniers raffinements du Hakomi et de la pratique de la présence bienveillante. Elle et Ron ont peaufiné le contenu de ce livre pendant plusieurs années avant la mort de Ron en 2011 et ont enseigné cette approche à des milliers de personnes dans le monde entier.

Donna a enregistré un MP3 (en anglais) qui guide les principales pratiques de la présence bienveillante; il est disponible sur www.hakomi.ca et aussi sur www.reflectivepresence.com.

TABLE DES MATIÈRES

LE LEGS DE RON KURTZ...1

AVANT-PROPOS 7

PRÉFACE...11

INTRODUCTION PAR RON KURTZ 15

LA PRÉSENCE BIENVEILLANTE...21

    SA DÉCOUVERTE...23
    SONT ÉTAT D'ESPRIT 26
    COMMENT ELLE SE DÉROULE 35
    PRÉSENCE BIENVEILLANTE ET PLEINE CONSCIENCE 38
    LA PRÉSENCE BIENVEILLANTE EST UN ÉTAT D'ESPRIT...........40
    QU'EST-CE QUE LA PLEINE CONSCIENCE?.....................43
    LES ÉTAPES POUR LA PRATIQUER 48

LES PRATIQUES 51

    LA PLEINE CONSCIENCE..53
    ÊTRE AVEC 55
    L'EXPÉRIENCE SANS REPÈRES 58
    VOIR ET ÊTRE VU..62
    VOIR AU-DELÀ 65
    AMORCER LA POMPE 69
    CHERCHER L'INSPIRATION..71
    LA PRÉSENCE BIENVEILLANTE 75
    AVANT DE PARLER 80

QUAND UNE PRÉSENCE BIENVEILLANTE EST NÉCESSAIRE .85

    OÙ EST-ELLE EST LE PLUS NÉCESSAIRE 87
    AVEC VOTRE PARTENAIRE 89
    AVEC LES ENFANTS...92
    AVEC DES AMIS 101
    EN FAMILLE..103
    AVEC LES PERSONNES MALADES OU EN FIN DE VIE 105
    AVEC DES PATIENTS OU DES CLIENTS..........................107
    DANS UN GROUPE 110
    L'ART DE LA PAIX..113
    PRÉSENCE BIENVEILLANTE AVEC SOI 118

GUIDE DE PRATIQUES..**121**

À PROPOS DES PRATIQUES 123

LA PLEINE CONSCIENCE..125

ÊTRE AVEC...126

SE PENCHER VERS OU S'ÉLOIGNER..127

L'ESPRIT DU SINGE 128

L'EXPÉRIENCE SANS REPÈRES 129

ÉCOUTER SANS DÉCIDER...131

VOIR ET ÊTRE VU 132

CLIGNER DES YEUX 133

QUI VOYEZ-VOUS? (UN SOI PLUS GRAND)............................134

VOIR AU-DELÀ...135

MARCHER VERS L'AUTRE 137

AMORCER LA POMPE..139

CHERCHER L'INSPIRATION ET CE QUI EST NOURRISSANT............140

ÊTRE AVEC 1-2-3 141

UNE MAIN DANS LE DOS 142

INTIMITÉ...144

LA PRÉSENCE BIENVEILLANTE 145

ET ENFIN, AVANT DE PARLER...146

JE PRENDS REFUGE 147

BIBLIOGRAPHIE ET RÉFÉRENCES **150**

LIVRES DISPONIBLES EN FRANÇAIS.......................................150

LIVRES DISPONIBLES EN ANGLAIS...152

À PROPOS DE DONNA MARTIN **155**